親があなたにしてくれたこと

3つの問いかけで
世界が変わる
「内観療法」入門

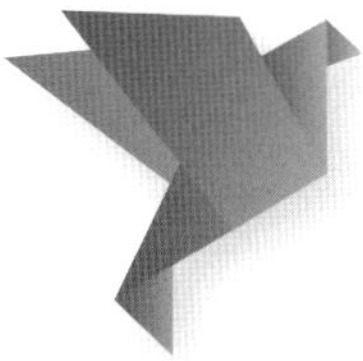

笹野友寿 Tomohisa Sasano
医師、川崎医療福祉大学教授

あさ出版

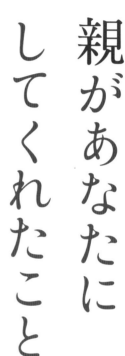

まえがき

「自分を変えたい」

これは、多くの人が人生のうちに必ず一度は持つ欲求ではないでしょうか。

生き方をこれまでとは変えたい、もっとやさしくなりたい、頼もしくなりたい、物事にこだわらないおおらかな人になりたいなど……。

どんなに立派に見える人でも、「今のままではなく、もっとこんなふうになりたい」という願いを持っているように思います。人間は、自分自身や自分の今いる環境を、よりよくしたいと、常に願う生き物なのかもしれません。

これを読んでいる皆さんも、多かれ少なかれそのような思いがあって、本書を手に取られたのではないでしょうか？

しかし、性格や生き方は、「変えたい」という気持ちだけで簡単に変えられるものではないことは、多くの人々が知る通りです。そんなに簡単に変えられるのなら、誰も苦労しません。人によっては何十年も、「自分のこういうところが嫌だ」と思いながら、毎日のように同じところでつまずき、悩んでいます。

思い込みや心の癖を手放せない。アルコールがやめられない。精神的に不安定。特定の人に依存してしまう。家族、上司、先生など、身近な人に不満があり、イライラしてしまう。相手を変えたいけれど、変えられないので衝突を繰り返してしまう。

「内観療法」は、そうしたさまざまな悩みを持つ多くの人々に、ぜひおすすめしたい方法です。

「内観」とは、自分の内側をじっくりつぶさに観察するという意味。

もともとは、浄土真宗の一派に伝わる修行法「身調べ」に由来しています。

内観の創始者・吉本伊信は、身調べから宗教性を完全に取り除き、内容的にも誰もが容易に実践できる形式に整え、1940年頃「内観」として確立させました。

以来、病院や学校などでも適用され、高い効果をあげています。当初は実業家も兼ねていた吉本伊信は、内観を自社の従業員に実践させて会社を改革し、また、少年院に出向いて少年たちを更生させるなど、多大な功績を残しました。

精神科医の集まりである日本精神神経学会では、専門医として知っておくべき治療法に指定されています。

一見、なんだか物々しい、厳しそう……と思われるかもしれませんが、やり方はいたってシンプルです。

自分の過去を振り返って、

「してもらったこと」

「して返したこと」

「迷惑をかけたこと」

この３つを、繰り返し思い出すだけです。

もちろん、長時間にわたって過去を思い出し続ける集中力と、それなりの覚悟は必要ですが、「自分を変えたい」という真面目な思いさえあれば大丈夫です。ふだんの生活の中の、ちょっとしたスキマ時間を使って取り組むこともできます。

これまで見えていなかった新しい見方に気付く。

他人に対する反省と感謝の気持ちが芽生える。

中には、世界の見方がそれまでとは１８０度転換するような心のカタルシスを体験して、涙が止まらなくなったという人もたくさんいます。

私は、ぜひ、多くの人に内観療法のことを知ってもらい、興味を持って実践していただきたいと思い、この本を書きました。

実際の事例や、私自身の体験も豊富に交えながら、内観療法について、やさしく、そして詳しく説明したつもりです。

一般の人向けの解説のほか、病院で内観療法を行う場合のやり方や留意点についても盛り込んでいるので、医療関係者の方にも参考にしていただける内容となっています。

自分の人生は、決して誰かから押し付けられた、変えられないものではありません。どんな境遇に生まれても、人は、自分の心のあり方次第で、人生を自分で切り開いていくことができ、周りの人も巻き込んで、自分の力で幸せをつかむことができるのです。

内観療法がそのためのよすがとなりますように——それが、本書を通じてのメッセージです。

笹野友寿

2020年3月

第1章 内観とは何か

第2章 さまざまな分野で活用される内観

第3章 内観の歴史と実践

第4章

内観の種類について

第5章 事例集

身近な人（はじめは母親から）に対して過去から現在まで、期間を区切り、

- **「してもらったこと」**
- **「して返したこと」**
- **「迷惑をかけたこと」**

を思い出す

↓

内観を続けていくと、

- **「してもらったこと」の多さ**
- **「して返したこと」の少なさ**
- **「迷惑をかけたこと」の多さ**

に気付く

↓ 内観に拍車がかかる

自己反省

↓ 理屈ではなく内発的に生じる

愛情発見

↓

人格の成長
悩みからの解放
精神症状の消失

淡々と機械的に
思い出すのがコツ

思い出すことは
案外むずかしい

感情にひたっている
ヒマはない

反省の言葉で
ごまかすのはNG

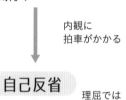

第1章

内観とは何か

自分と向き合うための方法

ストレス社会という言葉があります。

私たちは、じつに多くの種類のストレスにさらされて、現代社会を生き抜いています。

そのストレスの原因となるものは、人間関係、職場環境、学校生活、睡眠不足、病気など、じつにさまざまです。

中でも大きいのは、人間関係によるもの、かもしれません。

職場であれば、上司からの指示が曖昧でわかりにくければ、仕事が進行しにくくなり、それだけでストレスを感じてしまうでしょう。

学校であれば、友人といさかいを起こしたり、教師との関係がうまくいかなかったりすれば、大いにストレスとなりえます。

では、ストレスを解消する手段として、読者の皆さんはどのようなものに取り組まれているのでしょうか。

音楽を聴く、スポーツをするなど、いわゆる〝気分転換〟という方が多いと思われます。もちろん、それらに取り組むのは悪いことではありません。どちらかというと、やらないよりはよっぽどよいと思います。

ですが、もし音楽を聴いてもスポーツで身体を動かしても気分転換にならず、悩み続けてしまうような人間関係のストレスがあったらどうでしょうか。

友人や知人に思い切ってそのことを打ち明けても、「そんなこと忘れなよ。それより今度の日曜日、買い物にでも行こうよ」と軽くいなされ、話題を変えられてしまうかもしれません。

このようにうまく気分転換できないとき、私たちは、個々の悩みに対して〝自らの内面と向き合う〟しか方法はないということに初めて気が付くのです。

では、自分と向き合うという行為は、具体的にどのようにすればよいのでしょうか。

たとえば、瞑想があります。坐禅を組んで精神を統一すれば、心の落ち着きを取り戻せるかもしれません。また最近欧米では、瞑想に近い概念として、マインドフルネスという言葉をよく耳にします。

マインドフルネスによる瞑想は、ただ楽に坐って呼吸に集中するものです。坐禅よりも取り組み方は容易だといえます。「ストレスが軽減された」「集中力がアップした」「自律神経が回復した」などの効果が、最新の脳科学によって実証され、アメリカではグーグルをはじめインテル、アップル、フェイスブックといった大手ＩＴ企業で取り入れられ、日本でも導入する企業が増えているようです。

ただ、坐禅やマインドフルネスに取り組めば、人間関係の具体的なあり方を反省し自分と向き合えるかといえば、必ずしもそうとはいえません。どちらかといえば、呼吸や脈拍が落ち着くなど、身体から入ることで心のやすらぎが得られるものだと思います。もちろん、そのほうが自分には合っていると感じる方も、大勢いらっしゃると思います。

では、瞑想や坐禅をする前に「もっと論理的に思考を究めよう」ということで、難解な哲学書、仏教の専門書などを読むというのは、どうでしょうか。抽象的かつ難解な専門用語が思考の深まりを阻害して、かえって自己の悩みがわからなくなるかもしれません。

普段通りの生活を送りながら、簡単に取り組めて効果がある方法、その１つが、本書でおすすめする内観療法なのです。

内観には2種類の方法がある

内観には、大きく分けて集中内観、日常内観という2つの方法があります。

集中内観は、内観研修所が主催する研修に、1週間宿泊する方法です。

参加者には、静かな空間が用意されており、そこに楽な姿勢で坐ります。

つぎに、以下の3つのテーマに沿って、対人関係を思い出していきます。

「してもらったこと」

「して返したこと」

「迷惑をかけたこと」

これを朝の6時から夜の9時まで続け、その間、面接者が2時間ごとに訪れてきて、思い出した内容を確認するという仕組みです。

このように、集中内観は独特の方法をとりますから、固い決意がなければ少しハードルが高いかもしれません。

対して、日常内観といわれるもう1つの方法では、普段の生活の中でちょっとした細切れの時間があれば、いつでも取り組めます。

することは集中内観と同じです。

「してもらったこと」

「して返したこと」

「迷惑をかけたこと」

これら3つのテーマを日常生活の中で空いた時間を利用して、想起する努力を続けさえすればよいのです。

通学や通勤途中、電車やバスの中でできます。

昼休みに、ぼーっとしている間でも大丈夫です。

就寝前の5分間、でもかまいません。

ほんの少しの空き時間に、さきほどの3つのテーマを思い出していけばよいのです。面接者はいませんから、自分のペースで行うことになります。

それが内観、つまり〝自分の内側を観察する作業〟につながります。

内観での気付きとは

ここで1つ、疑問が浮かんできます。「何に対して」3つのテーマを想起していくか、です。

集中内観、日常内観を問わず、内観においては、読者の皆さんが悩む諸々の問題に応じて、内観する対象を自由に選ぶことができます。

学生であれば、友人、先生、兄弟姉妹などが、社会人であれば、上司、部下、同僚、取引先などがこれにあたります。

内観をするとどのようになるか、女子高校生Aさんの場合をご紹介してみたいと思います。以下は、Aさんが内観中に書きとめた日記によるものです。

ちなみに、Aさんは摂食障害の治療のための集中内観でしたが、彼女のお母さんも、なんとか娘を救いたいとの思いから、同時に集中内観を体験しました。

「内観初日。

お母さんは私の病気を治すために、暑い中、苦しい思いをしながら内観してくれるんだから、私もがんばらないといけないと自分自身に言い聞かせました。

思い出していると、夏休みのこと、遊びに行ったこと、叱られたこと、苦しんだこと、いろんなことが頭の中に浮かんできました。でも3つのテーマに絞って、それを思い出すという作業は予想以上に難しいことでした。


内観3日目。

夜、布団に入ってからも自然に内観していましたが、お母さんにしてもらったことや、迷惑をかけたことはいっぱい思い出せるのだけど、私からお母さんにしてあげたことがなかなか思い出せませんでした。

結局、私はお母さんにしてもらうことばかりで、何もしてあげていなかったんだと気付くと、悲しいやら悔しいやら、申し訳ないという思いがいっぱいで、涙が止まらず、なかなか眠れませんでした。

内観を終えて。
私にとってすごく長い長い毎日で、とても苦しかったです。でもそんな中、内観してあらためて思うことや気付くことがたくさんあって、自分自身を考えさせられた毎日だったと思います。
お母さんは内観でどんなことを感じて、どんなことを思ったのか、いろいろ聞いてみたいと思います」

Aさんのお母さんは、ご自身の集中内観で次のような気付きがありました。

「娘に対しては、幼い頃から教育ママで育ててきたことに気が付きました。こんな育てられ方をされたら、非行に走っても仕方ないところなのに、娘は痩せて自分の体を傷つけることで、耐えていたのだと思えてきました」

つぎに、日常内観のケースとして、中年サラリーマンBさんの例をご紹介します。
Bさんは、とある企業の花形営業部に所属していました。

営業部ですから、会社の商品を顧客に大量に売り込まねばなりませんし、常に新規の顧客を開拓せねばなりません。

もちろんそれらの数字には、課せられたノルマがありました。

Bさんは自分なりに工夫をして一生懸命にがんばっていましたが、あるとき会社から異動の辞令が下りました。

それは地方支社への転勤で、しかも営業部ではなく、どちらかといえば日陰の部署と揶揄される調達部でした。どのように考えても、明らかに左遷人事でした。

「地方への転勤で、家族がついてきてくれるだろうか。子供は中学3年生だ。塾に通っているし、すでに進学希望校が決まっているだろう」

「それにしてもなぜ調達部なのだろうか。調達部というと、仕事の内容は購買や仕入れが中心と聞いている。どうやって私の実力を発揮すればよいのだろうか」

このような悩みが次から次へと湧いてきて、ついには、

「営業成績は取り立てて悪くはないし、平均以上だ。それなのに左遷とは、ひどいじゃないか」

「こんな人事を進めたのは部長だろう。あいつだけは許せない」

というように、悩みは怒りへと変化していき、転勤先の地方支社でも仕事に身が入りませんでした。そして、「あいつのせいだ」と、Bさんの怒りの矛先は前任の部長にばかり向かい、部長のことが頭に浮かぶとそれだけでパニックになっていました。

しかし、Bさんの側にも、左遷される原因として1つだけ心当たりがありました。

それはお酒です。

学生時代から体育会系の部活に取り組み、体力があったBさんは、お酒に強かったのです。それに営業部ですから、顧客への接待など酒席が多く、その量だけで我慢すればよかったのですが、酒席の後、家に帰ってきても1人で飲み直す。翌朝、起きたらすぐに冷蔵庫をあけ、朝酒をやる……。

そういった悪い生活習慣が身に付いてしまって、定時に出社できないことが頻繁に起こっており、部長から常に叱責を受けていたのです。

「B君。朝から酒臭いのはなんとかならんのか」

「若い部下にも示しがつかんだろう」

このように言われても、頭を下げていったん反省するそぶりは見せますが、心の中では、「営業マンはノルマさえクリアできればいいだろう。唯一の息抜きなんだから、多少の酒ぐらい見逃してくれよ」

というように毒づいていたのです。

営業マンとして実力のあるBさんでしたから、左遷されたままで職業人生を終えるつもりはありませんでした。

「なんとか本社に復帰して、もう一花咲かせてみたい」

左遷後2〜3カ月は、前任部長への不満ばかりが心に浮かんでいたBさんでしたが、その頃、知人から日常内観を勧められ、取り組んでみようと思い立ったのです。

Bさんが内観の対象に選んだのは、あの部長。内観を行ったのは通勤バスの中でした。

通勤は30分間ほどでしたので、それほど苦ではありません。根がまじめなBさんは、その通勤時間内に、内観で取り組むべき3つのこと、「してもらったこと」「して返したこと」「迷惑をかけたこと」を毎日少しずつ考えはじめたのです。

始めて数日間は、何も思い出せませんでした。

「内観って意味があるのかな」

あまり何も思い浮かばなかったBさんでしたが、徐々に頭の整理がつきはじめ、さまざまなことを思い出せるようになりました。

まず「してもらったこと」は、営業部に配属されたとき、それまで部長が担当していた顧客の担当がBさんに変更になると、引き継ぎのため一緒に何社も回り、丁寧に紹介してくれたことでした。

「部長は私に対して叱責ばかりしてくるイメージがあったが、意外と親切だったな」

記憶とは不思議なもので、1つ思い出せると、それに関連したことが芋づる式に次々と浮かび上がってきます。

「顧客先ごとに情報シートをつくって、誕生日、趣味、配偶者の有無など逐一記録していき、それを営業活動に活かすことも教えてくれた」

「営業に出るまで、しっかりした敬語すら知らなかった自分が、上得意の接待の席で『召し上がられましたか』と言ったとき、あとで『あれは二重敬語だろ。召し上がりましたかでいいんだよ。言葉には人間の品性が出るから気を付けろよ』と丁寧に諭してくれたな」

こうなると、それまで部長に対して持ち続けていた怒りが、すっと消えていく自分に気付きました。

そしてつぎに、「迷惑をかけたこと」までどんどんと思い浮かんでくるのです。

「顧客からの発注書の数量を、ゼロひとつ多めに書いてしまって、とんでもない数量を先方の倉庫に納入して大目玉を食らったときも、すぐに顧客に謝罪に行ってくれたな」

思い出すだけで、恥ずかしくなるぐらいです。

「よし。うちの会社では地方転勤は2年が相場だ。この2年間、死に物狂いでがんばってみよう。それでダメなら田舎の実家に帰って、農業でも手伝えばいいじゃないか」

そう思えたところから、俄然やる気がでてきたようです。

彼の奥さんに尋ねると、「こんなに生き生きと仕事に取り組むのは、20年ぶりです」とのことでした。

ところが、です。「してもらったこと」や「迷惑をかけたこと」はたくさん思い出すことができましたが、「して返したこと」がまったく思い出せないのです。

何日かたって、気が付きました。Bさんは、部長にほとんど何もしていない、ということに。

「そうか。部長はいろいろと私に教えてくれたが、私は何も部長に返していないのだな」

これまで部長に対して、会社に対して、一方的に悪い感情を抱いていたことが間違いだと思えるようになってくると、気が楽になりました。

会社に出社しても、以前のようにストレスを感じることがなくなりました。

また、以前の営業部でのことを思い出すことが少なくなり、今の仕事に集中して打ち込めるようになりました。

「この仕事も案外重要で、やりがいのあるものだな」と思えるようになったのです。

さらに、転勤してから以前にも増して酒量が増えていたのが、ピタリと止まりました。

1例目の女子高校生Aさんについて、少し補足をしておきます。

Aさんは、内観において何も特別なことはしておらず、面接者から「この時間、何を調べてくださいましたか」と尋ねられたことに答えていただけ、だそうです。

特に1~2日目は、うまく思い出せなかったそうで、関係ないことをAさんが話しはじめても、面接者は「そうですか」「それは残念でしたね」「それは苦しかったですね」といったように、Aさんをむやみに肯定、否定するような言葉はなく、ただ、静かに聞いてくれたのだそうです。

ただ、「小学校低学年時に母親からしてもらったこと」と面接者がお願いしていたのに、「お母さんが親戚の集まりで、お姉さんのことばかり自慢するので腹が立った」というような話をはじめるなど、指示内容から逸れていると感じた場合だけ、「それはお願いした内容と異なりますね。もう一度〝母親からしてもらったこと〟で調べてください」と軌道修正してくれ、たくさんの大切なことに気付くことができました。

2例目の中年サラリーマンBさんは、内観により大きな心の転換を得ました。さらに、部長の行いに対して新たな気付きを得て、反省や感謝の気持ちが芽生え、自分の人生を変えることにまで成功しました。

Bさんが実行したのは、日常内観だけです。しかも、ほんの2カ月間程度でそのような心境に達しました。カウンセリングを受けたわけでもなく、無理に過去を反省したわけでもありません。「してもらったこと」「して返したこと」「迷惑をかけたこと」の3つのテーマに対して、通勤時間の合間を利用して内観に取り組んだだけで、大きな変化が現れたのです。

内観の機能

ここでもう一度、中年サラリーマンBさんの例を振り返ってみます。

じつは、さきほどのBさんの例では、内観の基本的な機能の2つが明らかとなったのです。

第1に「営業成績を上げたい」「試験の成績を上げたい」「競技の際、集中力を上げたい」というように、自己啓発的な効果を目的とすることです。

健康になりたい、もっと自分に対する理解を深めたい、というような思いで、会社員、学生、主婦、学校の先生、医師、看護師、スポーツ選手、作家など、じつにさまざまな立場の人が、積極的に内観に取り組んでいます。

第2に、心理療法を目的とする働きです。さきほどの例では、お酒の悪影響から立ち直りたいというものでした。内観を心理療法として活用すると、周囲の人々からの愛情に気付きやすくなり、利己的であった自分を自覚しやすくなるようです。

そのため、情緒が安定してくると同時に、周囲に対する思いやりが自然と湧き出て、対人関係が好転します。しかも内観においては、自分が触れられたくないような心の内は、他者からむやみに突っつかれることがありません。これは内観の優れた機能といえるでしょう。

具体的には、非行、不登校、うつ病、アルコール依存症、心身症、親子の仲違い、夫婦間の不和、職場の人間関係などの諸問題に改善の効果があるとされています。

ただ、内観を実行してもすぐ効果が現れず、後から徐々に効果が出てくることもありますから、心理療法として内観を行う場合には、専門医の指導のもと、長い目で見守る必要があります。

内観の7大効果

さきほどの中年サラリーマンBさんの例のように、生活の中で気軽に取り組めるのが、日常内観のメリットです。しかし、本人にとって大切な気付きを得るまでに長い時間が経過してしまうと、効果がないといって途中でやめてしまう人もいます。

細切れでやるよりも、一気に集中して実行してしまいたいという人もいるでしょう。

このような方々のために、集中内観があります。

集中内観は、内観を行うためだけの特別の施設、内観研修所にて行います。

研修を希望する人は、この内観研修所に出向き、1週間の期間をもうけ、ひたすら内観だけに取り組みます。

時間は、食事や睡眠をのぞき、朝から晩まで続きます。

「そんなに長い間、1人で大丈夫だろうか」と心配する必要はありません。2時間ごとに面接者が回ってきて、内観者に質問してくれるからです。ですので、さぼるわけにもいかず、自然に内観に取り組む環境が整っています。

1週間が終了した後、参加者は一般社会に戻ります。

ただし、集中内観を終えたからといっても、自分の周りの環境は何の変わりもありませんから、ふたたび何かを考え込んだり、悩んだりといったことが起こらないともかぎりません。

しかし、集中内観を経た人は、そこで得た気付きや知見をもとに、立ち止まることなく、その悩みを違った方向から捉え、サラッと流したり、乗り越えたり、克服していくことができる力を得ています。内観創始者の吉本伊信は、1回集中内観を行えば、その効果が消えてしまうことはないといいます。

言葉では説明のしようがありませんが、集中内観をやり遂げた人の共通項として、以前より落ち着き、大人になった雰囲気があるのです。言葉を換えれば、人格が成長するということでしょう。

具体的にどこが違うのかといいますと、次の7点です。以下、順に述べていきます。

①親からの自立
②コミュニケーション能力の向上
③物事を内省的に受け止める能力の向上
④信念を貫き通す精神力の獲得
⑤集中力、持続力の獲得
⑥幼少時の純粋な心を取り戻す
⑦敏感さがなくなる

①親からの自立

私が生まれた頃は、今よりも治安がよかったので、子育てに関しては、多くの親は〝ほったらかし〟で、公園などでは子供だけで遊んだりできましたが、悪質な犯罪が多発する現在ではそういうわけにもいかず、親が付きっきりで子供の様子をみています。

原因は現在のそのような社会環境だけではありませんが、過度に親と子それぞれがもたれ合い干渉し合う状況が、必要以上に長期間続き、お互いに強いストレスを感じるなどすると、ときには憎しみにまで至るケースが増えてきています。

10代の悩みというものは、もちろん学校の勉強や友人関係の悩みもありますが、よくよく話を聞いていくと、親子関係のあり方に原因が見いだされることが多く、親自身が心に問題を抱えていることもしばしばです。

家庭の親子関係がいびつなまま続いていくと、子供が本来は自分で解決すべき課題を乗り越えられない、周囲になじめず友好な人間関係を築いていく方法を知らない、といった問題が発生してくるようです。

そこで集中内観では、親から「してもらったこと」「して返したこと」「迷惑をかけたこと」の3つのテーマを、徹底して「調べ」ていきます。ちなみに「調べる」というのは内観の専門用語で、取り組むという意味に近いものです。

ゆっくり考えれば、どんな人でもいくつかは思い当たることがあります。

「母親はたとえ私とケンカしても、文句を言わず美味しい夕飯を作ってくれたなぁ」

「万引きして警察に捕まったとき、父親は仕事中に迎えに来てくれたなぁ」

自分が思っているよりも、親が健康的でたくましいということがわかると、子供は安心して親から離れることができます。これが本来的な意味での、自立となります。親からの愛情を感じられれば、「自立のためにがんばろう」というチャレンジ精神も湧いてくるでしょう。

一定の年齢を超えると、親と子は両者自立した視点に立った上で、互いに助け合わねばなりません。集中内観にて、親との関係性を徹底的に調べることによって、子供の自立が自然と促されるようになります。

②コミュニケーション能力の向上

友人関係や親子関係、上司と部下との関係などにおいて、効果的にコミュニケーションを成り立たせるためには、話し相手に興味・関心を持ち、相手の心理状態をおしはかり、そのペースに合わせるといったことができねばなりません。

自分本位のあり方では、長期間、相手と安定した継続的な関係を続けていくことが難しくなるでしょう。

たとえば、他人との会話の中で「○月○日に、△△にバーベキューをしに行こう」と誘われたら、それを受け入れるかどうかの「判断力」や、実際に次の動きにつなげていく「想像力・行動力」が必要になります。

不思議なことに、集中内観を体験すると、自ら積極的な行動がとれるようになっていきます。しかも、場の空気や流れをわきまえ、ＴＰＯ（時間、場所、場合）に合わせた適切な行動が選択できるようになるでしょう。

集中内観によって、他者と打ち解けた関係を築く能力が身に付いているので、八方美人的・風見鶏的に反応することがなくなり、また相手の顔色をうかがってビクビクするようなことも少なくなるはずです。かりに、他人とのやりとりの中でトラブルが生じた場合でも、即座に軌道修正を行うなど、臨機応変に対応する能力も高まるでしょう。

③物事を内省的に受け止める能力の向上

さきほど、集中内観により「人格が成長する」と述べました。

それは、他責的な傾向から自責的な傾向に変化するという意味でもあります。

幼少期から青年期にかけて、親との関係が希薄すぎたり濃密すぎたりすると、正常な人格形成が阻害されている場合があります。

たとえば、自宅ではいつも母親が掃除・洗濯などの家事すべてを行い、三食昼寝付き状態であれば、学校や職場において、自ら進んで仲間のために行動することが難しくなるのは容易に想像がつくでしょう。

そのような状態では、もし食事が出てこない状況にでくわせば、「食事を作らない母親が悪い」というように、他責的な考えに陥りやすくなってしまうのです。

集中内観を行えば、親が自分にしてくれたことをしっかり把握し、感謝することができていますから、たとえ決められた時間に食事が出てこなかったとしても、「お母さんは、今忙しいのかな。私のせいで疲れさせてしまったかな。それなら今日は私が用意してみようか」というように、内省的な考えや行動に結びつきやすくなります。

そうすると、周囲からの信頼が高まり、それに対してもっと積極的にがんばろうという意欲も湧いてきますから、結果的に充実した生活が送れるようになるのです。

④信念を貫き通す精神力の獲得

一般に、内観をすると他人のいいなりになりやすくなるという誤解があるようですが、これは誤った認識です。

内観をすると、周りからの雑音に惑わされず、自分の信念を貫く力が身に付くのです。

今、あおり運転が社会問題となっていますが、私が担当した患者にも、車の運転が荒い青年がいました。

何もなければ普通に運転できるのですが、追い抜かされたりすると逆上して相手をあおったり、暴走運転をしたりして、何度か警察沙汰にもなっていた青年です。

話をよく聞くと、「バカにされたように感じて、相手を懲らしめないと気がすまない」というのが彼の口癖でした。だから、無理をしてでも抜き返して暴言などを相手に浴びせてしまいます。また、警察に捕まるとそのときは反省し冷静になるのですが、ふたたび同じような状況に出くわすと、やはりむくむくと怒りの気持ちが湧いてきて止められないとのことでした。

彼は、一念発起して集中内観を受けました。

そこで、自分の衝動的な行動が大切な家族を傷つけていることに気付くと、不思議なことに、暴走行為はピタリと止みました。

以前は、自分は親から認められていないし、存在自体が社会から承認されていないと思い込んでいた節があったのですが、内観によって、自分は親から認められていたし、愛されてもいたということに気付くことができました。

そうすると、何よりも家族を幸せにしたいという気持ちが湧き、暴れることで社会に認められたいという衝動が起こらなくなったそうです。

今は、制限速度を守って模範的な運転をしています。

ときには、無理な追い越しをされたりして、一瞬カッとなることがあるそうですが、「落ち着け。バカにされたわけではない。相手はお前のことなど、まったく眼中にないんだ。警察に捕まったら、大切な家族と会えなくなるんだぞ」

と、自分にいい聞かせることができるようになりました。

これが自分の信念を貫く精神力であり、内観によって強化されるのです。

⑤集中力、持続力の獲得

学生なら宿題ができない、社会人であれば与えられた仕事をうまくこなせない、こういったことに悩む人は大勢います。

文部科学省の調査によると、全国の高校2年生の3割が、宿題を除く1日の勉強時間がゼロと答えたそうです。

多くの場合、集中力が持続できないことに原因があるようです。

宿題をするのに、30分ほど時間がかかるとします。すると、その間、集中力の持続が必要になります。集中力のない人というのは、勉強をはじめて5分もたつと、もう気もそぞろになりはじめます。たとえ勉強する気があっても、スマホでラインの着信などがあると、すぐに画面を見てしまい、そのまま宿題はそっちのけでスマホとにらめっこが続いてしまうようです。

厚生労働省の全国調査によると、中学生の12％が、病的なネット依存の状態にあるそうです。ネット依存は生活習慣の乱れにとどまらず、社会との関係での問題行動につながる恐れが指摘されています。

若者の集中力、持続力の低下はもはや社会問題といえますが、その解決に内観が役立つのです。

私が担当した女子高校生の事例を紹介しましょう。

彼女は高校3年生でしたが、高校生になってから勉強などまったくしたことがありませんでした。当然のことですが成績は最下位です。大学入試は間近に迫っており、彼女は大学に合格することなど完全にあきらめていました。

しかし、夏休み中に集中内観を体験すると、その後は自発的に勉強するようになり、受験した3校すべてに合格しました。

集中力アップ、学力アップをめざすには、内観はとても相性のよいツールです。集中内観までしなくても、たった数分間の日常内観を取り入れるだけで、相当の効果が期待できます。

学校では、ホームルームの時間に数分間でよいので、静かに坐って内観を実践することをおすすめします。

「静坐療法」という治療法があり、これは、静かに坐るだけなのですが、身心が整いさまざまな不調が改善します。内観は、それに加えて3つのテーマを想起していくわけです。生徒たちの顔はしだいになごみ、情緒が安定し、結果として集中力が持続するようになるはずです。

内観は、自己を反省するためだけのツールではありません。

何事に対しても落ち着いて取り組めるような、前向きな集中力が身に付きます。

⑥幼少時の純粋な心を取り戻す

部屋の整理などをしていて、昔のアルバムが出てくると、つい見入ってしまうことはありませんか？　そして、「あの頃は純粋だったなあ」などと回想すると、現在の自分は周囲に迎合し、社会のしがらみにがんじがらめになっていて、まるで汚れた存在のように感じられることもあるでしょう。

小さい頃の純粋な気持ち、自然のままの伸びやかな気持ちで生活できればどんなに幸せかと思いながら、自分を屈折させたまま生きるというのは、想像以上につらいことです。


内観を行うと後ろめたさがなくなり、幼少時の純粋な心が取り戻せるといわれています。

アメリカの心理学者エリック・バーンが考案した、交流分析とよばれる人間関係の心理学理論に基づいて作られた性格診断テスト・エゴグラムでは、人の心を5つに分け、その5分類の自我状態が放出する心的エネルギーの強さを、グラフで視覚的に表現しています。

5分類の中には、フリーチャイルドとよばれる項目があり、これは子供の純粋な心を数値で表す項目で、内観の後はその数値が明らかに高まっているのです。

子供の心を取り戻すというのは、嬉しいことには嬉しい、悲しいことには悲しいと、素直な感情表現ができるようになることを意味します。

そういう人は心理的な抑うつ状態になりにくく、また友人、知人からも素敵な相手だと思われ、人間関係が豊かになる傾向があります。

⑦敏感さがなくなる

怒りやすい人、それがもとでトラブルを起こしやすい人というのは、神経が常人以上に過敏な場合が多いようです。

遊園地の係員の案内口調がどうにも気にくわない、コンビニ店員のおつりの渡し方に腹が立つなど、ほんの些細なことに難癖をつけ、相手を謝らせるというカスタマー・ハラスメントなどが社会問題化しています。

人間だけではありません。

たとえば、散歩中によく吠えている犬を見かけることがあります。他の犬に吠える。気にくわない人がいると吠える。動物行動学の分野では、そのような犬は怒っていて吠えているのではなく〝周りの環境に敏感〟になりすぎているのが原因ではないかといわれています。

内観が深まると、過敏さがなくなります。

集中内観で徹底的に懺悔し尽くすと、それ以上やましい気持ちはなくなります。

しかも、1週間、面接者からの無条件の受容を体験し続けるのです。身の回りのことへの警戒心は限りなく薄れてきます。

以前であれば腹が立ったこと、文句を言わずには気がすまなかったようなことを、軽く受け流せるようになります。そもそものようなことに意識が向かなくなり、どうでもよくなるのです。

自分は親から認められている、愛されているということに気付きはじめると、安心感が芽生えて自信が付き、多少のことでは神経が揺らがなくなるからではないでしょうか。

内観の導入プロセス

前項で、内観の7大効果について、詳細に述べました。念のために申し上げておくと、これらは、集中内観の研修を受ければ誰でも得られるものではありません。

本書内で何度か述べているように、集中内観では、朝6時の起床からはじまり、夜9時の就寝まで、寝食や風呂の時間をのぞいて、ほぼ内観づけの生活となります。

いい加減な気持ちで参加した人は、1~2日で音をあげてしまうでしょう。

その研修の中で、まじめに内観に取り組み、つぎにあげる「内観が進展するプロセス」を経たあとで、はじめて内観の7大効果を実感できるのです。

ここでは、どのようなプロセスを経れば、その効果が実感できるのかを述べておきたいと思います。

一般に、内観には4つのステップがあるといわれています。

1　内観への導入
2　内観の進展
3　内観への抵抗と解消
4　洞察と情動体験の出現

「1　内観への導入」は、本書のような入門書を読んだりして、内観の準備をする段階のことを指します。全国に10数カ所ある内観研修所を訪れた場合、最初の1～2時間で、カセットテープやビデオなどにより、さらに具体的な方法が教授される段階です。

「2　内観の進展」は、集中内観をはじめた初日から2日目ぐらいの状態です。最初はスマホもテレビもないという環境に退屈し、足腰が痛いなどといっていたにもかかわらず、まったく思い出せなかった過去の記憶が、徐々に思い出されていく段階です。

「3　内観への抵抗と解消」は、前段階の「内観の進展」により思い出されてきた事実を、そのまま素直に受け入れることができず、葛藤している状態のことを指します。

たとえば、母親について憎しみの感情をもっていた人が、じつは憎むべき対象ではなかったという事実を、記憶をさかのぼり想起してしまったとき、「そんなはずはない」と抵抗したくなるような気持ちです。

「4 洞察と情動体験の出現」は、苦しいながらも内観を続けていて、「変わりたくない」などの自分の保守性を乗り越え、抵抗がうまく解消され、洞察や情動体験が出現してくる段階です。「本当は私が悪かったのだ」というような思いが湧いてきます。

これは自己中心的なものの見方から解放され、他者への愛情に気付くことです。

そして、罪悪感が胸に迫り、突然涙があふれてきて、新しい自己を発見する喜びに包まれる〝情動体験〟に至ります。

声に出して語る意味 イメージトレーニング

集中内観においては、心の中で思い出すだけではなく、その内的な体験を面接者に向かって語るという行為が付随してきます。声に出して他者に語るというその行為によって、頭の中だけで記憶を想起していたものが、生き生きとした感情をともなって再体験されるのです。

日本には古より「言霊」という概念があります。

声に出して話した言葉が、現実に影響を及ぼすという意味です。おめでたい言葉を口に出せばおめでたいことが、愚痴やネガティブな言葉を出せばその通りのことが引き寄せられてくる、という考えです。ですから、日本人同士の結婚式などの場では、多くの禁句が存在します。少しでも「別れる」という意味にひっかかってくると、言霊のために離婚につながってしまうのを恐れているのです。

日本人は昔から、語るという行為に特別な意味を感じていたようです。

内観においても、この語るというプロセスが非常に重要な意味を持っています。心の中で、もやもやと形を持たなかった曖昧なものが、語るというプロセスを経ると、本人の中で明確な形を持つようになります。つまり、一線を越えるということでもあります。

語ることで、人は事実を事実として、言い逃れのできないものとして受け入れることができます。

人類が言葉を持ったことで、飛躍的な進化を遂げたことは事実です。

数10万年前まで、われわれホモサピエンスとともに、北京原人、ネアンデルタール人などが共存していましたが、環境に適合できず生き残れませんでした。

彼らとわれわれの決定的な違い、それは、おそらく言語をうまく使用できたかどうかであるのでしょう。

ただ、言葉は人間にとって武器でもあり、同時に、心をがんじがらめにしばる罠でもあります。言葉をうまく使いこなすことが、よりよく生きるための鍵なのではないでしょうか。

人によっては、文章で書くほうがしっくりくるという人もいます。

悩んでどうしてよいかわからないとき、人に向かって悩みを話すことで自ずと答えが見つかるという人もいますし、話すことよりもむしろ文章化することで、頭の中が整理されてスッキリするという人もいます。

そのような場合は、内観を指導してくれる人と相談することで、自分に合った方法を提案してくれると思います。

我執を捨てること

人はなんらかの理由で、ある凝り固まった心の癖を手放すことができなくなり、何年も、何10年もそれに苦しめられることがあります。

苦しめられているにもかかわらず、むしろ、それゆえに、その癖を手放すことで過去の自分自身を否定するように思えて、その思い込みを頑なに持ち続け、物事がうまくいかなかったときの言い訳として常に懐に携えているのかもしれません。

無意識のうちで「親に愛されていなかったから、こうなってしまった」と憤っている人がいるかもしれません。何かあれば印籠のようにそれを出して、「ほら、これのせいだ」と相手に見せつけるのでしょうか。

頑なな思い込みが悪い結果を生み、それによってさらに傷つき、思い込みをいっそう強化させてしまいます。気付かぬうちに悪循環の無間地獄にはまって、身動きがとれなくなってしまうような状態です。

ここで、吉本伊信の内観者の例をご紹介したいと思います。


Cさんは検察庁の優秀な検事さんです。しかし、Cさんの心の中は、理由もないのに常に何かに追われているような恐怖感や焦燥感にさいなまれており、イライラした気分で毎日を過ごしていました。そして、そのやり場のない気持ちは奥さんに向けられました。

奥さんの行動がいちいち不満で、逐一文句を言って責めました。自分の失敗は妻に原因があるかのごとく、細かな非をなじりました。それでも奥さんは口答えせず、Cさんに従ってくれました。

そんなとき、Cさんは伊信の著書に出会います。少し読んで、「これは本物だ。何かがある」という強い印象を受け、通勤のバスの中で繰り返し読み、ついに集中内観を決心しました。

Cさんは、法座に入ってからは内観への不安は一切消え、自己を否定し、汚い自己をさらけ出すことに無上の喜びと誇りを感じました。

内観後のCさんは語っています。

「これまでの私は、妻の立場に立って見ることをしていなかったのです。妻に対する2度目の内観のときに、やっとそのことを気付かせていただいたのです。自分の尺度でしか物を計れない自分、我欲の固まりの自分でした。私は些細なことで妻を馬鹿野郎と罵倒していました。生きている言葉をそのように使うことすら恐ろしいことですが、受けた妻にとってはその言葉が凶器となって、胸の奥深くに突き刺さるのだということをわからせていただきました」

内観を終えて、Cさんは変わりました。

「妻に対し感謝の気持ちを抱くようになりました。自己がいかにつまらない人間であるかがわかり、こんなつまらない人間によくこれまで仕えてくれたものだと実感しました。妻に、おはよう、おやすみ、など、とても口に出して言えなかった私でしたが、今では自然とその挨拶ができます。私の内観との出会いを一番喜んでくれたのは、妻です」

内観で徹底的に自分の罪深さを自覚することにより、それまでは無意識に問題をすり替え、他人のせいにして自分と向き合うことから逃げ回っていた人も、言葉に出して繰り返し考えることを通して、冷静に自分を客観的に見つめるようになります。

そうして家族への依存や甘えから脱却し、問題を自分のものとして捉えられるようになるのです。

自分の世界で起きていることの根拠をすべて自分に還元する。世界の見方を決めているのは自分、自分の幸せを決めるのは自分なのです。

吉本伊信は、内観の目的は、我執の念をなくし心からの感謝報恩の生活ができる心境にたどりつくための方法である、と言います。人は基本的に「私」がいちばんかわいい生き物です。幼児には「これは私のもの」「僕がやりたいからお前はあとで」などと、他人はそっちのけで自分を最優先にする態度がよく見られます。

ただ、人間は1人で生きてはいけない生き物ですから、さまざまな人との人間関係の中で協力し合って生きていかねばなりません。そのとき、我執をなくし、他人に対して感謝するということが、人の間で生きる上で不可欠な技となります。

仏教では、「我執を捨てよ」といわれます。

内観は、無理矢理、我執を捨てさせる方法ではありませんが、過去の記憶を想起することで、たとえ自分にとって嫌なことであったとしても、それを客観的に捉えられ、それまで行っていた狭い思考の枠から抜け出ることができるようになるでしょう。

第2章

さまざまな分野で
活用される内観

学校教育への普及

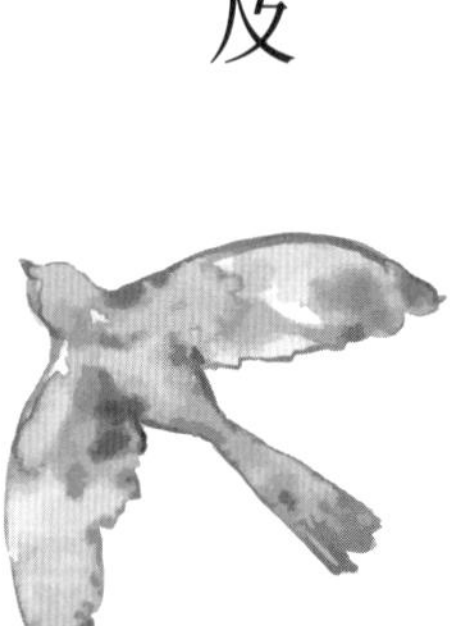

今、学校が荒れています。

いじめは、古くて新しい問題ではありますが、スマホの普及などに伴い、昔にくらべてより一層、陰湿さを増しています。

学校では生徒だけでなく、教師や親も疲弊しています。

教師の長時間労働やサービス残業が想像以上に多く、また、些細なことで教師にクレームをつけてくるモンスター・ペアレンツの登場などにより、授業の準備や生徒指導のための時間をその対応に割かざるをえず、本来の学校教育の目的である学ぶ楽しみを生徒たちに教えることがなおざりになっています。

さらに、テレビなどのマスコミを通じて注意喚起がなされているのにもかかわらず、部活動などでの顧問教師による体罰問題が、いまだに止む気配がありません。

生徒、教師、親、すべてがそれぞれ疑心暗鬼になり、疲弊している学校という存在は、病んだ現代社会の縮図ともいえるでしょう。

じつは、内観が学校教育に取り入れられはじめたのは意外に早く、1960年代のことです。

以下で紹介するのは、あくまでも簡易的な内観を導入した事例です。

東北地方のとある高校にて、ホームルームの授業のうち、3分間ほどをつかって生徒に内観をしてもらいました。内観によって生徒たちは情緒が安定し、クラスの仲間との連帯感を呼び起こし、勉強やさまざまな活動への意欲を高めることができました。

奈良県にある「奈良内観研修所」のホームページから引用します。

ある女性教師は、高校での実践を次のように述べています。

「最近、年を追って生徒の学習意欲が低下しています。常に教室内が騒がしく、朝のホームルームの時間にも、連絡事項を伝えるのにいちいち大声を張り上げる有様です。注意力が散漫で、話を聞かない生徒たちが多く、対処法を考えていました。

そこで、集中力を増大し、感受性を豊かにし、さらに生徒たちの持っている潜在的な能力を引き出すための心理的手法として、〝3分内観〟の実施を試みたのです。

毎朝のホームルーム時の内観を、約半年間継続しました。

その結果、生徒たちの表情はしだいに穏やかになり、素直さが感じられるようになりました。もちろん、朝のホームルームの時間も静かになり、以前のように大声を張り上げる必要がなくなりました。さらにクラスがまとまり、秋の運動会で学年2位、合唱コンクールで学年2位、作文コンクールでは金賞・銀賞の大半を獲得することができました」

そして卒業式の当日のホームルームで、生徒たちは、その女性教師に記念品と花束と歌を贈呈し、感謝の意を表したそうです。これは過去20年間の教員生活の中で最も感動的な一瞬であった、と彼女は語っています。


授業中だけでなく、自宅などで考える時間を設けてもらう方法もあります。

それは、「ノート内観」といわれる方法です。

文字通り、先生と生徒のノートでのやりとりを通じて、内観的な発見や気持ちの深まりに気付いてもらう日常内観の一種と捉えていただければよいでしょう。

ちなみに、通常の集中内観では、鉛筆など筆記具を使用し記述をすることが禁止されていますが、それは文字を書くこと自体に捉われないためです。

ですが、学校で簡易的な内観を行う場合には、ノートに書きとめ、それをやりとりしたほうが、内観した内容を深く脳に刻みつけることができます。

また、たとえ口下手な生徒であっても、ノートのやりとりを通じて、教師への絆、信頼が深まりやすくなることも知られています。

さきほどは、高校生に内観を取り入れた例を挙げましたが、学生に内観を取り入れる場合、具体的にはどのような年齢層が可能かという質問を受けることがよくありますので、ここで答えておきます。

小学校入学前から、大学生まで、可能です。

一般に、子供は大人よりも内観が深まりやすいといわれています。頭が柔らかく、脳が発達途上にあって記憶力が高い分、そのような傾向があるのかもしれません。

たとえば幼稚園児に内観をしてもらうのであれば、園の行事として「母の日、父の日のプレゼントを親に向けて作ろう」というようなイベントがよく開催されると思いますので、その際に、

「ありがとうのこと」

「お手伝いのこと」

「ごめんなさいのこと」

というように、児童にもわかりやすい言葉に置き換えて、短時間でよいので、親に対しての思考を深めてもらう時間を設定すればよいでしょう。

就学前児童が内観をしたときの録音テープを聴いたことがありますが、過去の記憶を鮮やかに蘇らせていますし、それに対する自身の感情が見事に整理されています。この歳でそれほどまでの自己観察能力があるものなのかと、驚きました。

もちろん、これは大学生にもおすすめできます。

大学生とはいえまだ20年前後しか人生を生きていないわけですし、社会の波にきびしく揉まれたような就業経験を持っているわけでもありません。

また、自分で希望する学部や大学を選んで入学してきてはいますが、その選択が正しかったかどうか疑問に思っていたり、３年生から本格的にはじまる就職活動の中で、将来の進路を明確に決められなかったりと、あらゆる悩みの種が学生生活の間中つきまとうわけです。

私は、勤務する大学において学生相談室のカウンセラーという立場でもありますので、就職や進路の問題、友人や教師との関係について悩む学生の相談を、20年以上にわたって受けてきました。

多くの大学生は、学費や下宿代、生活費などを親から負担してもらっています。ですから、これからの彼らの成長を考える上で、今後いかに経済的に、精神的に「自立」していくかが特に重要な課題となります。

学生相談室での相談を受け続ける中で、これはと思う学生に内観をすすめると、多くの場合、それまでに親から受けた物心両面の援助の多さに気付き、精神的に一皮むけて、研修所から帰ってくることが多いように思います。

ここで、家庭不和により不登校に陥った女子大学生、Dさんのケースを紹介します。

Dさんは、広島県にある「山陽内観研修所」で集中内観を体験しました。

Dさんの家には両親、祖父母、2人の兄弟がいます。

母と祖母は嫁—姑の間柄で、互いに憎しみあっており、Dさんは両者に挟まれ互いの悪口を聞かされてきました。両親の仕事の都合も重なり、家族全員での一家団欒の機会はありません。

そしてDさん自身はといえば、中学校でいじめを受けていたのです。

家にも外にも、心の安まる居場所がありません。

Dさんの苦しみはしだいに外に向かい、暴力的になっていきました。特にお母さんに対する嫌悪感は強く、一緒にいるだけで吐き気をもよおすのです。

このような状況では、大学に通うという心境になれず、勉強の意欲さえなくしてしまいました。

Dさんは大学の学生相談室から紹介され、集中内観を体験することになりました。

内観していくうちに、両親とのわずかなふれあいの中に、今まで気付くことのなかった多くの事実を発見することができました。

「お母さんは、残り物の冷たいご飯しか食べなかった。風呂はいつも最後に入っていた。冬の凍えるような朝も、納屋で私たちのために洗濯してくれた。雪が積もった寒い朝、暖かいマフラーを首に巻いてくれた」

「それにもかかわらず、私はお母さんに暴言を吐き、ときには口もきかず、つらくあたっていた」

Dさんは、内観を通してそのことに気付き、懺悔をすることができたのでした。

その後、Dさんの家族に対する見方は、深い理解を伴うものへと変化をとげ、今では不安な感情に捉われることも軽減し、無事復学することができました。

このように、内観は就学前児童から大学生まで、幅広い年齢層に、効果的な気付きを与えることができるのです。

非行少年への支援

さきほど、学校教育への内観の効果についてお話ししましたが、じつは、内観は、創始者吉本伊信が１９５４年に、少年院に入った少年たちに篤志面接委員として接する中で、その経験を生かして改良されていったという見方ができます。

広島県にある「山陽内観研修所」で集中内観を体験した、Ｅ少年の場合をご紹介してみたいと思います。

Ｅさんは当時中学３年生。小学生時は明朗な少年でした。しかし、ある日とても苦しい運命が、若い彼の上に降り注ぎました。

いつものように笑顔で出勤した父が、ある日突然、仕事中に殉職してしまったのでした。心には何とも言えないショックと悲しさ、そして大きな不安がつのりました。

父の予期せぬ死を、そのとき、家族の誰もが冷静に受け止めることはできませんでした。

そしていつしかEさんは、校内一番の乱暴者とよばれる少年になっていました。

あるときは木刀を片手に他校の生徒たちに決闘を挑むなど、何度も大きな問題を起こしては、そのたびに警察に補導されるということが繰り返されました。もはや学業への関心もなくなり、「中学を卒業したらもう学校へは行かない」と母に投げつけるように言いました。母親は何度も警察に補導される我が子を心配し、ついに体調を崩して入院してしまいました。

母親は、ベッドに横たわって点滴を受けながら、Eさんに内観をすすめたのです。

内観研修所にやってきたEさんは、勇気をもって、自分自身を振り返っていきました。

父との温かい思い出、母の子を案じる気持ち、家族で過ごした日々を回想し、現在の自分の心の動きを見つめていきました。

やがて、その心のスクリーンに、今までの所業が鮮明によみがえってきたのでした。

その後家に帰ったEさんは、すっかり遅れてしまった学業を取り戻そうと、自らの足で塾を探してきました。

「お母さん、これから僕を塾に行かせてください」

そう頼みこんだのです。それは彼の本心から現れた、未来へと向かう意志でした。

Eさんは今までの遅れを挽回するため、懸命に努力を続けました。そのかいあって専門学校へと進学することができ、その後の学びを深めました。

卒業後は無事サラリーマンとなり、社会で活躍をしています。彼の勇気が、自らの道を切り開いていったのでした。


内観が少年院において実践される中で、明らかになったデータがあります。

それは、内観を体験した少年は、していない少年に比べて、その後の再犯率が激減しているという事実です。

現在も、日常内観と集中内観を適度に混ぜ合わせ、更正のためのプログラムに使用している少年院が、全国にたくさんあります。

少年院だけでなく刑務所でも取り入れられており、出所者の再犯率においても、少年院の場合と同等の効果が得られています。

スポーツ選手のメンタルトレーニング

野球、サッカー、ゴルフ、テニス、マラソンなど、２０２０年東京オリンピック・パラリンピックを見据え、さまざまな国際競技種目において活躍する日本人選手たち。

彼らはみな、幼少時より専門の道へ進み、同年代の友人たちと遊びたい気持ちを抑制してトレーニングに励み、食事も身体によい栄養価の高いものだけをとるなど、つねに自らに厳しい課題をあたえ、それを乗り越え、好成績を上げてきています。

反面、スポーツには裏面史があります。

たとえば、世界的な活躍をみせたプロ野球選手が、小さい頃から面倒をみてくれた父親と何10年も断絶の関係にあることがニュースとして報じられています。

逆に、子供に対して過剰なコーチングをして、その子供から自立できない格闘技選手の父親が、所属するスポーツ団体の協会からコーチ除名処分を受けたりするという、内観を多少知っているものからは、信じられないような事態が起きています。

言うまでもなく、スポーツの成績は集中力で決まります。

たとえ小さなことであっても、集中力が乱されるような周囲の環境を極力排除し、トレーニングの質を高め、本番に向けて心身ともにピークにもっていけるように努めなければならないのです。

内観によって自身の人間関係の悩みが解消し、これまで自分のおかれていた環境がいかに恵まれていたかというような、本質的な部分が明らかになってくると、パフォーマンスに大きな変化が生じてくるのです。


プロ野球で活躍した小久保裕紀選手は、3度の集中内観の経験の持ち主です。1回目は2002年、2回目は2006年、3回目は2010年です。いずれも栃木県にある「瞑想の森内観研修所」で体験しています。

1回目の集中内観の翌年、春のオープン戦で、ホームに滑り込む際にキャッチャーと衝突し、選手生命を失うほどの大怪我をしてしまいました。

普通の選手なら自暴自棄になり野球をあきらめてもおかしくないところを、小久保選手は1年間懸命にリハビリに励み、2004年、ホームラン41本を放って見事にカムバック、野球ファンに大きな感動を与えてくれました。

その間、小久保裕紀選手を支えたものの1つに、集中内観での気付きがありました。

彼は、「前の年の暮れに内観をやって、母の祈りや支えに気付いていなければ、僕はアリゾナで腐ってしまっていたでしょう」と語っています。

小久保裕紀選手の、内観での気付きを紹介します。

ある日、小久保裕紀少年は、あまりにも少年野球チームの練習に行きたくなかったので、なんとしてもお母さんを説得しよう、ギャフンと言わせようと思い立ちました。この言葉を言ったらおふくろは傷つくだろうなと思いながら、こんな言葉を投げつけたのです。

「お母ちゃんは勝手に離婚しやがって。どれだけ僕が寂しい思いをしたかわかってるのか。こんどだってそうじゃないか。お母ちゃんが勝手に僕を少年野球チームに入れたけど、僕は野球が嫌いなんだ！　行きたくない！」

そのとき、お母さんの困惑がありありと表情に表れました。「あっ、言わなければよかった」と思いましたが、後の祭りでした（『メンタルを鍛える』（神渡良平著、フロム・グローベル発行、より)。

「瞑想の森内観研修所」のホームページには、小久保裕紀選手の講演での発言をまとめたものがあります。

「じつは僕、プロに入って4年目くらいまで、チャンスに打席が回りそうになると緊張して震えていたんです。ベンチで『わっ、この回いいところで回ってきそうやな』と思うと、足が震え始めるんです。2年目の終わりごろから4番を打たせてもらってたんですが、どうにかしないとプロの世界では厳しいなと思いました。

それで精神的な部分を鍛えなければとメンタルトレーニングを始めました。(中略)

本日の『一瞬に生きる』というテーマは僕の座右の銘です。5年前にメンタルトレーニングの一環として、栃木県に『内観』という修行に行きました。1日15時間、1週間にわたって座り続けるんです。その場所でその言葉を知ったのですが、今生きているこの瞬間に全身全霊をかけて取り組んでいれば、悔いは残らないという意味です。バッターは1打席打てないとどうしてもつぎにひきずるんです。でも、誰も見ていなくとも一瞬ごとの練習を積み重ねて打席に入れば、結果はどうあろうと後悔はありません」

内観によって母親の愛情に気付き、自分の周囲に対して心配事がなくなった、また集中力が高まることによって、チャンスに強い男に生まれ変わったのです。

スポーツ選手にとって、内観は、思った以上の効果をもたらすようです。

介護領域での家族支援

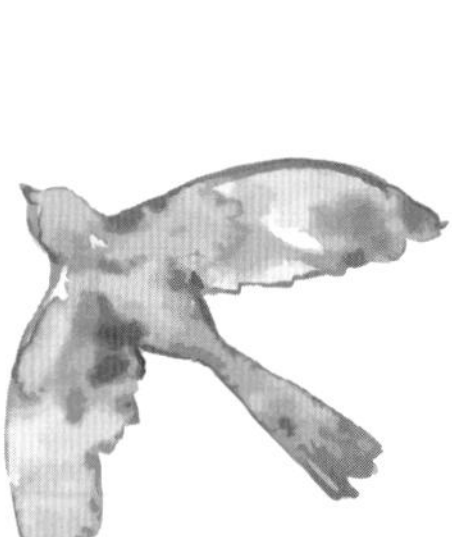

今、「施設から在宅へ」が、介護の世界での合言葉となりつつあります。

在宅介護が実現すれば、国の費用負担が減りますし、要介護老人にとっても嬉しいことなので、一見、いいことずくめのように思えます。

ですが、在宅介護という掛け声だけの方針には、抜け落ちている視点があります。

それは、介護者という立場の家族の存在です。

内閣府が発行する『高齢社会白書』によれば、75歳以上の約4人に1人は要介護状態であり、その大半は同居の家族により介護がなされています。ひどい状態になると、家族間で虐待が行われ、自殺や殺人に発展してしまうケースまで見受けられるのです。

介護政策から、介護を行う家族を大切にするという視点が抜け落ちていると、仏作って魂入れず、の状態になってしまうということです。

家族の抱える介護負担〝感〟は、客観的な介護負担レベルとは一致しません。それは極めて主観的なものです。介護者の抱く否定的な感情を取り除くことができたなら、介護負担感はずっと軽くなり、親の介護に喜びを感じることができ、ひいては介護を受ける本人も幸せになれます。

家族支援は重層的なサポートを必要としますが、とりわけ親への愛情の再発見を促すようなサポートが手薄な状況にあります。しかし、そのための具体的方法がどこにも示されておらず、介護領域にたずさわる人たちは大きなジレンマに陥っています。

この困難な課題に応えるツールとして、内観療法は注目に値します。

私は岡山県のある介護老人保健施設をサポートする立場にありますが、そこに入居される方の介護者に〝生活史年表〟を書いていただくように、お願いしています。その時々のスナップ写真も持参してもらいます。

施設に入所される方がどのような人生を歩んでこられたか、介護者の方々に任意で提出をお願いしているわけです。

そして、生活史年表を書き終えたあとに、内観の3つのテーマに沿って自由に感想を書いてもらいます。

つまり、この手順には、介護者の方に簡単な内観を促すという意味を込めているのです。あくまで任意であるにもかかわらず、多くの方がこちらが求める以上の文字数で、びっしりと紙面が埋め尽くされた感想文を提出してくださいます。

生活史年表の記入は、介護者にとって日常内観の一種といえるでしょう。自分の父や母がこれまでどのような人生を歩んできたか、息子や娘という立場から振り返ることによって、自然と「してもらったこと」「して返したこと」「迷惑をかけたこと」が意識できるという仕組みになっているのです。

感想文の一部を紹介します。


「父が出征するとき、母は赤ん坊だった私をおんぶして駅まで見送りに行ったのですが、母の背中で私がむずかり、父と母の最後の別れを邪魔してしまいました。

歩いて40分かかる病院まで、おんぶしてくれた母の背中のぬくもりは、今でも記憶に残っています。

田植えや稲刈りの休憩に出るおやつを、いつも母はポケットに入れて持って帰ってくれました。母のポケットは私のための甘いポケットで、母の口癖は、『子供にはお腹いっぱいご飯を食べさせてやりたい』でした。いつも私に愛情を注いで、大切に育ててくれました。外に働きに出ていた母でしたが、ある日学校から帰ったら白いエプロン姿で私を待っていて、手作りのかしわ餅と練り菓子を食べさせてくれました。とてもおいしかったです。高校時代、部活で帰りが遅くなると、心配して、どんな雨の日も雪の日も、母は必ずバス停で懐中電灯を持って、私の帰りを待っていてくれました」

不思議なことに、提出いただいた家族の方々には、その後、在宅介護を行うことになったとしても、「これまで親には迷惑をかけたのだから、喜んで引き取りたい」と、介護に積極的な姿勢が見受けられるようになります。

また、濃厚にカウンセリングを行った家族などは、もっと深い気付きを得ています。

脳卒中のため寝たきり状態になった夫を、自宅で介護する妻Eさんの話です。

Eさんは、施設で寝たきり状態の夫に対して、家に連れて帰って介護してやりたいという気持ちがありました。しかし、何を話しかけても視線も合わさず手足をバタバタさせるだけの夫に対して、いけないとわかっていながらも不満や愚痴が出てしまい、心の中で葛藤し苦しんでいるとのことでした。

それを話している間、ずっと涙ぐんでいた彼女に、カウンセリングの中で内観の3つのテーマを問いかけてみたところ、いろいろ思い出すことで、がらりと変わりました。

それまでのEさんは、何事においても受け身・他人の言いなりになる性格で、夫の介護についても子供の意見に従っていました。ちなみに子供の意見は、このまま施設に入れておけばよい、というものです。

Eさんは夫について回想していく中で、10年程前、自分が内臓の病気で手術を受けなければならなくなったとき、当時はまだ元気だった夫が手間をいとわず、診察や治療のために、何度も病院への送り迎えをしてくれたことを思い出しました。

「何もしてくれない……というのは、私の勝手な思い込みでした。あんなにも純粋に私のことを思ってくれていたんです。それなのに私は……」

と、今まで忘れていた事実に思い当たり、Eさんは目が醒めたのです。

いつもメソメソしていたEさんが、たくましいEさんに変身しました。Eさんは自分の判断で夫を自宅に連れて帰り、在宅介護をはじめました。

夫に向かって、「これまでありがとう。あなたのことは最後まで私が面倒をみるからね。安心してゆっくりしてくださいね」と毎日声をかけながら、夫婦で幸せに過ごしています。「この前、夫が私を見て笑ってくれました」と、嬉しそうに報告してくれています。

このように、介護を行う家族の支援として、内観を取り入れる価値は大いにあると思います。

つぎに、介護領域で働くスタッフについても、ひと言ふれさせていただきたいと思います。介護スタッフが、日頃お世話をしている利用者さんを理解し、共感し、受容することは、専門職の立場としては当然のことです。

しかし、簡単に理解、共感、受容といいますが、現実にはそんなにたやすくできるようなことではありません。

その答えを、内観が教えてくれています。

介護スタッフが利用者さんに対して、「してもらったこと」「して返したこと」「迷惑をかけたこと」を思い出せばよいのです。およそ理解、共感、受容などよりも高いステージに到達できることでしょう。

一例を挙げます。

介護福祉士のFさんは、前夜、彼氏とけんか別れして、悲しいやら、腹立たしいやら、自己嫌悪やらで、やりきれない気持ちのまま職場に出てきました。正直、今日は仕事どころではなかったのです。

そのとき、利用者のおばあさんから声をかけられました。

「おはよう。私はいつもFさんの顔を見ると嬉しくなるわ。今日もよろしくね」

その言葉を聞いたとたん、不思議なことに、それまでのFさんの嫌な気分が晴れました。

Fさんは、日常内観でそのことを思い出したのです。

利用者のおばあさんの言葉でFさんは気分が楽になったのですから、これは、その方からしてもらったことだと気付きました。

さらに、Fさんは思い出しました。

「夜勤で、おばあさんのおむつを交換したとき、おばあさんは不自由な体にもかかわらず、腰を浮かしておむつ交換をしやすくしてくれた。おばあさんは利用料金を払って施設に入り、私は働いた見返りに給料をもらっている。しかし、おばあさんは私に協力してくれた。だから、これは私がおばあさんから一方的にしてもらったことなんだ」

その事実に気付いたFさんは、仕事に出るのが楽しくなりました。自分が利用者さんに生かされていることに気付いたのです。

結果として、利用者のおばあさんは、Fさんからこれまで以上に心温まるケアを受けることができるようになりました。

障害者家族への支援

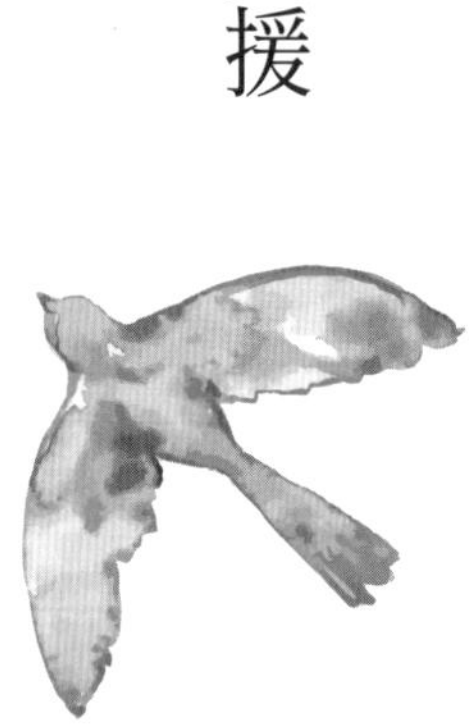

統合失調症といわれる病気があります。

何かの要因で、さまざまな情報や刺激に敏感になりすぎて、脳がそれらに対応できなくなり、感情や思考をまとめられなくなる症状が出ます。ひどいケースでは幻覚が見え、実在しないはずの人の声に包まれ、始終笑われていると思い込む被害妄想まで出ることがあります。

近年、薬物療法などの治療法の進歩のおかげで回復がめざましくなったとはいえ、残念ながら、統合失調症に対する社会的偏見は根強くあります。そのため、治療に協力すべき立場の親が、周りの偏見の目から逃れようと障害者本人にきびしく当たり、親自身の不安を子供にぶつけるようなことが起こりがちです。

治療には本人と家族が一体となる協力態勢が望まれるため、ストレスになる状況を助長してしまうような家族関係のあり方は、治療の大きな障壁となってしまうのです。

ですから、本当の意味で治療を成功させるには、まずは障害者家族に対する十分な支援がなければなりません。これは、データからも証明されていて、社会的偏見がなく、穏やかで落ち着いた家族のもとで治療にはげむ障害者は再発のリスクが低いことが、明らかになっているのです。

私は、障害者家族に対しては、内観療法が非常に有効ではないかと考えていますが、統合失調症の患者本人への内観の導入は、あまりに危険であり、精神科医としては積極的にはおすすめできません。

統合失調症のような障害者本人とその母親というのは、すでにお互いに依存する関係に陥っていることがしばしばあります。

治療に熱心になるあまり、母親自身が自分の人生をまっとうすることを忘れ、「この子を助けられるのは私しかいない」というように思い込み、持てる力をすべて子供との関係性を維持することに注ぎ込んでしまうのです。

このようないびつな親子関係を修復するためには、どうすればよいのでしょうか。

もし、母親に内観を受けてもらえるのならば、それがベターだといえます。

内観をすると、母親に〝子供からの自立〟が促されます。すべての原因は病気という不運にあると思っていたところ、本当は自分自身に問題があったことに気付いたり、何もかも自分が世話をしたり心配をする必要はなく、余裕をもって応対できるようになることで、はじめて子供側の自立が可能になってくるのです。親自身が、子供への支援と自分の人生を、しっかりと分けて考えられるようになることが、本当の支援だといえるでしょう。

母親が子供の病気をきっかけに内観したところ、じつは自分自身の抱える父親との関係や姑との関係に問題があったことに気付き、結果として子供の病気の改善につながったケースを、私は経験しています。

家族病理に対して、有効な方法は多々ありますが、内観が有力に働くものの1つであることは、間違いありません。

アルコール依存症への効果

アルコール依存症という病気をご存じでしょうか。

名前だけは知っている、という方がほとんどでしょう。

ただ、お酒は身近にあるものだけに、この病気から脱するのは、覚醒剤などよりも難しいといわれています。

怖いのはまず、自覚症状がないことです。

普通の主婦が、家庭料理につかう料理酒をこっそり毎日飲んでいて、それだけでアルコール依存症になってしまったという例は多くあります。

そのような人は、「ビールや日本酒は飲んでいない、料理酒だけ……。だから私はアルコール依存症ではない」と言い張って、治療をはじめようとしません。

「自分はアルコールに強い」と思い込んでいる人も要注意です。アルコールに強いというのは、肝臓の分解能力が高いという意味です。それは悪酔いしないというだけで、アルコール自体が心身に与える影響とはまったく別のもの、という認識を持ちにくいのです。

アルコール依存症の患者は、家族に「もう酒は飲まない」と約束しながらも、何度も破ったり、お酒が原因で暴力行為を働いて警察のやっかいになったりと、家族に大きな迷惑をかけることが多いですから、最悪の場合、家庭崩壊につながってしまう本当に恐ろしい病気なのです。

典型的な例を挙げてみてみましょう。

40代のGさんは、結婚直後から夕食後に毎晩晩酌をしていました。

これが10～20年続き、気がついたときには、朝昼にも飲酒をせずにはいられないような身体になってしまいました。

お酒を飲まないと発汗が見られ、手の震えが止まらないとのことで、一般の病院に入院しましたが、そこで「ベッドの上を虫が這っている」と言い出し、また「お前はまぬけだ」という声が聞こえるという症状を訴えはじめました。

これは幻覚、幻聴ということで、精神科の病院に転院、数カ月間の治療を続け、いったん成功したようにみえました。

ところがGさんは、その精神科の病院を退院した日にお酒を口にしてしまい、そこからはふたたびアルコール漬けの日々が続き、数年後、別の精神科の病院に再入院することになりました。


では、どのようにすれば治るのでしょうか。

じつは、完治に至る治療法は確立されていません。

本人の意志だけではなかなか難しく、専門の病院に長期間入院するなどして、物理的にお酒を遠ざける環境に身を置くしか方法はありません。

ここに、内観を取り入れやすい理由があります。

長期入院であれば、日常内観ではなく集中内観が導入可能になるわけです。

鹿児島県にある「指宿竹元病院」や、長崎県にある「三和中央病院」では、アルコール依存症をはじめとする薬物依存症やギャンブル依存症、インターネット依存症といった嗜癖行動障害の入院患者さんに、集中内観を用いた治療プログラムを取り入れ、治療効果を高めることに成功しています。

なお、アルコール依存症では内観の3つのテーマ以外に、お金の計算をしてもらうことがよくあります。

その理由について、吉本伊信の講演での言葉を紹介します。

「今も、お酒の飲み過ぎで内観に来ている人があります。飲んだら悪いとはわかっていますが、それが心の底からの理解になるために、お酒によってどれだけ損をしたかを3日も5日もかけて、それぱかり調べていただき、計算もしてもらいます。

いつ、どこで、何人と、こうして飲んで、というようにお金の計算。それから、お酒だけではなく、芸者をあげて飲んだらそのお金やつまみ代も。酒を飲んだがために博打したり、喧嘩したり、肝臓やら胃をやられて入院しますと、入院費やその分の日当も計算して。

奥さんに叱られて、奥さんの親に心配をかけ、信用は失って。とにかくそういうことをみんな調べてもらいます。そうして、全部合わせると、980万いくらにもなりましたと、びっくりされるんです。

それだから、アルコールで困っている人は治るんです。皆さんの病院にもそんな人がおられましたら、それいっぺんやってみてください。一発だ。酒の〝さ〟の字を聞いてもゾーッとするようになります。

中には、まだ酒飲んでるという人があるかもわかりませんから、あんまり偉そうなこと言えませんけれど」

（『内観の話』吉本伊信著、内観研修所発行、より）

内観指導者になるために

「生徒に内観指導をしてみたいけれど、思い切れない」「内観の効果はよくわかったけれど、それを用いて指導する情熱が続くのか、自信がない」と、不安に感じられる方が多いと思います。

そのような方には、ぜひともご自身が集中内観を体験されることをおすすめします。吉本伊信は、集中内観の体験者なら、内観面接者になれるといっています。医療などの特殊な場合を除いて、学校や企業などで内観指導をするためには、ご自身が集中内観の体験者で、内観指導に情熱のある方なら、それで十分だと思います。

吉本伊信は、これはという内観者については、帰ってから内観指導できるようにと、集中内観の最中に内観面接の練習もさせていました。

もちろん、内観体験なしに、見よう見まねでチャレンジしても、生徒さんを深い洞察に導くことは可能です。それは、内観の仕組みそのものに、そのような効能が備わっているからです。ただし、ご自身が内観を体験してみないと、指導へのモチベーションを維持することは苦しいかもしれません。

「学校教育への普及」のところでも紹介しましたが、生徒さんを指導された先生ご自身が、内観を取り入れようと思ったいきさつを述べています。

「昭和57年の夏、私は風邪をこじらせたことから、気管支炎を併発し入院した。思うように回復せず、夏休みまで長引いてしまった。

主治医の先生から、夏休み中、東北大の大学病院で行っている温泉療法に参加してみてはどうかというすすめがあり、10日間の須川温泉での温泉治療に参加した。そのスケジュールは大変ユニークなもので、朝の体操とランニングに始まり、日中は個人的に指示された回数の入浴、そして夜は交流分析や内観などについての講義が行われた。私はそこで初めて『内観』というものを知り、興味を持ったのである。

翌58年、東北大で開催された内観学会に出席して研究発表を聴くうちに、ぜひ私も内観をしてみようと思い立ち、夏休みに奈良の吉本伊信先生のもとで1週間の集中内観を受けてみた。
目的意識があいまいだったせいもあって、内観中は他人の内観ばかりが耳に入って、まったく深まりが見られなかった。しかし、猛暑の中列車を乗り継いで帰路につくと、身も心も軽くなったような気がして、奈良へ旅立つ前の自分とはどこか違っていることに気がついた。そして夏休み明けから、生徒たちにホームルームの時間に毎日３分間の内観を指導してみようと決心した」

（『ショートホームルームでの内観の試み』原田小夜子著、月刊生徒指導15巻14号より）

第3章

内観の
歴史と実践

創始者・吉本伊信

内観の創始者は吉本伊信です。

吉本伊信は、母が熱心な浄土真宗の信仰者であったことに影響を受けて、17歳のときには毎晩お寺に通い、お経を本格的に学び始めました。

そこで「身調べ」に出合います。

身調べというのは、浄土真宗の一派に伝わる独特の修行方法です。

信者は一定の場所に隔離され、肉親との面会はできません。

そこで数日間におよぶ断食、断水、断眠という厳しい条件のもとで、「今自分が死んだら魂は、地獄か極楽か、どちらにいくのか」という真剣な問いを身、命、財の3つすべてを投げ捨てる気持ちで、一日中反省します。

そこでは2時間おきに先輩僧侶がその反省の気持ちを聞きにきて、現在の心境を聞き、

それに対して説教をし、励まし、続けるように促します。

この先輩僧侶は、来るたびに変わります。どの言葉がその人の悟りを促すかわからないので、できるだけさまざまな言葉を投げかけたほうがよいとの配慮からでした。これを繰り返すことで、仏の救いにあずかろうというわけです。

吉本伊信は、21歳から3度「身調べ」を体験しましたが、すべて挫折しました。

そして22歳、4度目の「身調べ」で悟りの境地に到達したといいます。

「そのときの気持ちは筆舌に尽くしがたいものですが、たとえて言うならば、噴火口の横でうろちょろしていたのをサーッと安全地帯へ引っ張っていただいた感じ、とでも言いましょうか。ころんころん転びながら大声をあげ、泣いて喜んだのでありました」

（『内観への招待』吉本伊信著、朱鷺書房発行、より）

1937年11月12日午後8時のことでした。

この体験をもとに1940年に内観の原型ができ、1942年頃に初めて内観という言葉が使われるようになりました。なお、吉本伊信は身調べをしていく中で、「少年院や刑務所で、この方法は有効かもしれない」と気付いたそうです。

ただし、この頃はまだ「してもらったこと」「して返したこと」「迷惑をかけたこと」の

3つのテーマの区切りは曖昧であり、明確にはなっていなかったようです。

吉本は1953年に「内観研修所」（現「大和内観研修所」）を自宅の奈良県生駒郡郡山町（現・大和郡山市）に開設します。

悟りから約15年が経過していることになりますが、この間、吉本は経済的な基盤を固めていたのです。個人的な資金はないに等しかった吉本は、妻の親が経営する大阪のレザークロスを扱う問屋・森川（現シンコー株式会社）にて、共同出資者として働くことになりました。

その働きぶりは、じつに見事でした。

雇った社員、全員にさせたこと、それは内観でした。

その効果は絶大で、みな一気に優秀な社員となったため、全国に12もの支店ができ、商売は順調に成長していきました。日中に森川で一生懸命働いたあと、夜には内観の指導、普及につとめていたのです。ただ、そのような昼と夜の見境がない生活は、確実に吉本の身体をむしばんでいきます。

1949年、とうとう結核を患ってしまいました。しかし、これではっきりと目がさめたのでしょう。

それまで、商売に熱心になるあまり、利益への欲を断てず、それが煩悩となって吉本を苦しませていたのですが、この病気のおかげで、内観一筋に生きる決意が固まりました。

1953年、森川の社長の座を退き、やっとの思いで内観研修所の設立にこぎ着けることができました。そして、内観研修所にての何年かの経験を踏まえ、それまで吉本が行っていた「身調べ」から3つのテーマをひたすら追求していく「内観」へと進化し、その形式が固まりました。宗教性も完全に払拭されました。こうして、吉本個人の活動であったものから、誰にとっても実践可能なものになり、刑務所や教育施設などでも心理療法として普及していく流れができあがりました。

ちなみに内観研修所の統計によると、1960年には年間100人程度だった集中内観者は、1976年から年間1000人を超えるに至りました。1960年代後半の内訳をみると、当時の日本は高度経済成長のまっただ中にあり、企業の求人倍率はピークに達していたにもかかわらず、集中内観にやってきたのは圧倒的に若い人でした。10代と20代で全体の60％以上を占め、男性が女性の約3倍も多く研修所を訪れています（『内観法』吉本伊信著、春秋社発行、より）。

自己を探求したいと思う若者は、いつの時代でも多いということなのでしょう。

内観学会の設立

前項までで述べたように、吉本伊信が悟りに至る過程、また内観研修所を設立するまでの苦労は、想像を絶する厳しい道のりで、徐々に吉本の健康状態を危うくしていました。そのせいか、内観研修所を設立後も、「このままでは、内観が衰退してしまうのではないか」と、周囲からは危惧する声が多く、吉本伊信個人の力に頼らず普及と実践が可能になるようにとの願いから、竹元隆洋（指宿竹元病院院長）が三木善彦（後の大阪大学教授）などの仲間に呼びかけ、１９７８年に日本内観学会が設立されました。

吉本はこの学会設立を見届け、10年後の１９８８年にその生涯を閉じました。

日本内観学会が設立されたことで、内観の公共性は大いに高まりました。

日本精神神経学会の精神科専門医ガイドラインでは、森田療法などとともに、ほぼ日本中の精神科医に対して、内観について正しく理解しておくことが定められました。

医療・福祉領域の国家試験においては、医師国家試験はもちろんのこと、公認心理師、精神保健福祉士といった心の問題を扱う専門職の国家試験において、内観療法に関する出題がなされるようになっています。

また現在、日本内観学会では「認定医師」「認定心理療法士」「認定内観面接士」の3種類の学会認定制度を設け、公に質が担保された普及活動に取り組んでいます。

こうして、内観療法は、国内だけでなく海外でも徐々に高い評価を受けるようになりました。アメリカ合衆国、ヨーロッパ、アフリカ、東南アジアなど、世界的広がりで、自分を見つめる方法としての内観療法が注目されています。

意外なことに、欧米での普及は日本よりも容易であるそうで、海外では「恩」という概念がないから、というのがその主たる理由だそうです。

日本人は、大陸の儒教などの影響が強く、「親に感謝せよ」「他人に受けた恩を忘れるな」というような教育が全国の津々浦々で施されています。

ですので、内観を受けても表面上の言葉だけで、「親に感謝しなければならないと痛感しました」「あのとき感じた恩は、一生忘れません」などといった感想が聞かれるのですが、本当に深くそう思ったのかどうかは、疑問なことが多々あるそうです。

しかし、欧米人であれば、そういった先入観がないだけに、「そうだったのか！」という新鮮な気付きにつながりやすいそうです。

内観の定義

浄土真宗の一派に伝わる「身調べ」からはじまった内観は、先述したような断食や説教といった修行的な要素をとりのぞき、一切の宗教性を排除し、さらに考えるべきテーマを「してもらったこと」「して返したこと」「迷惑をかけたこと」の3つに絞り、ついに完成形に至りました。

この3つさえしっかりしていれば、多少のバリエーションは許容範囲とされ、内観と呼ぶことができます。

日常生活の中で朝起きて洗面中に調べても内観ですし、通勤電車の中で取り組んでも内観、研修所を訪れて1日15時間の研修に参加するのも内観です。

つまり、内観には変更可能な部分と変えてはならない部分があり、その変えてはならない部分に限定して、時と場所を問わず記憶想起を試みるものであれば、すべて内観だと定

義できるのです。

では、なぜこの3つのテーマばかりを想起しなければならないのでしょうか。

「して返す」の返すという行為をするためには、それより以前に他者から「もらう」という行為を受けたことが前提となります。

これは、小売業にたとえると棚卸しに相当します。

仕入れがあってはじめて、店の商品を顧客に販売できるわけです。どんな商売でも、良質な商品を仕入れなければ経営は成り立ちません。年に数度は「棚卸し」をして、現状の正確な在庫を把握すべきなのです。

仕入れた点数よりも販売した点数が多くなることは、ありません。仕入れた点数よりも販売した点数が少なければ、その差が在庫としてちゃんと残っているか確認するでしょう。残っていなければ単なるロスなのか、万引きであったのかを調べなければなりません。

これは、小売業の基本中の基本です。

しかし、「人生における棚卸し」をしている人はいるでしょうか。

現実にはなかなか少ないといえます。

悩みが多く苦しんでいる人に限って、「棚卸し」をせずに、他人から受けた思いやりや親切に気付いていないのです。
してもらったこと　－
して返したこと　＋
迷惑をかけたこと　－
として、思い出す限りの他者と自分の行為に、1つずつ点数をつけ、棚卸しをし、「ああ、自分はほとんどしてもらってばかり、迷惑をかけてばかりで、して返したことはほとんどないなあ」と、実践者に気付いていただくのが内観の目的なのです。

集中内観に参加する前に

内観では自分が罪深い存在であるということを徹底的に反省・懺悔しますが、集中内観を受けるにあたっての説明が不十分で、内観者がきちんと理解していない状態で内観を行えば、「自分は悪くないのになぜ反省しなくてはならないのか」という疑問が出ることは想像に難くありません。

内観をすすめられたので実際に研修所に来てはみたものの、途中で挫折して帰ってしまう、内観が深まらず表面的なまま終わってしまう、などといったケースもあります。

せっかく内観を受けるのだから、最後までやり遂げてほしいものです。

そのためには、内観を導入するにあたって、あらかじめ内観が何をするもので、どのようなプロセスを経て、どのような効果があるかについて、丁寧にわかりやすく説明することが必要です。

また、内観の効果を高めるためには、正しいやり方で行うことが大切です。スポーツや楽器でも、基本的なフォームが大切だといわれるのと同じことです。

あらかじめ、内観がどのようなものであるかを書籍や冊子で知ってもらい、テープやDVDなどのオーディオ材料で、内観を実践している実例を見聞きしてもらうとよいでしょう。あらかじめ内観を疑似体験することで、自然に内観的な考え方が身に付くだけでなく、自分と似たようなことで悩んでいる他人の話を聞いて自分自身にも気付きをもたらし、人間関係が改善するとともに症状が軽快する例も、少なくありません。

導入がうまくいけば、あとの作業としては3つのテーマを想起していくことを繰り返していくだけで、自ずと内観は深まっていきます。吉本伊信はこのことを、「穴さえ掘れば自然に水は湧くのと同じ」と表現しています。

内観は、面接者の裁量によらず、ただ3つのテーマを繰り返し想起し語るだけで、実践者の心に大きな気付きをもたらす、信頼できるシステムなのです。

導入のための説明に適した書籍としては、具体的事例を織り交ぜながら内観療法の全体像を説明する『内観療法―自己理解と自己革新の方法』（三木善彦著、ヘルス研修所発行）や、内観の深いところを伝えてくれる『内観と医学』（竹元隆洋著、内観研修所発行）などがあります。いずれも簡易なブックレットなので、初心者の方にも読みやすく書かれています。

文字を読むのが面倒だという方には、ＤＶＤで『内観への招待』（三木善彦監修、奈良内観研修所発行）があります。内観を行う際にこれを視聴すれば、そのままスムーズに内観に入ることができます。

また、「内観センター」のホームページをみると、吉本伊信の著作やテープが数多く紹介されており、それらを入手することも可能です（「資料――内観療法の組織と活動」）。

研修所での生活

集中内観が行われる場所は、内観研修所です。日本内観研修所協会に所属する施設は、全国に10数カ所あります（「資料—内観療法の組織と活動」）。どの研修所においても、運営の細部の違いこそあれ、内容はほとんど同じです。ですから、交通費がかからず、自宅や職場・学校からアクセスがよいところであれば、どこを選択してもかまいません。

そもそも、集中内観はなぜ内観研修所で行う必要があるのでしょうか。それは、日常のすべての情報をいったん遮断して、原則1日15時間（朝6時起床、夜9時就寝）ずつ、1週間連続して坐って、ひたすら自分自身を見つめ続ける必要があるからです。

方法さえ教えてもらえば自宅でもできると豪語する人がいますが、現実問題として、そのような場所を設けないと、たいていの人は初日の数時間でギブアップしてしまうでしょう。

実際に内観をする場所は、多くの場合、普通の畳敷きの和室です。

その部屋を2つ折りの屏風で区切り、4人ぐらいで使用します。

どんな姿勢でもかまいませんので、楽な姿勢で坐ります。ちなみに、相部屋の人との会話は禁止されています。

その屏風の内側で、面接者からの指示に従い、多くの場合、母親のことから始め、3つのテーマを具体的に調べていきます。そこで調べるのは、「してもらったこと」「して返したこと」「迷惑をかけたこと」の3つのテーマですが、それぞれ2：2：6の時間配分で調べていくのがよいとされています。調べていく際には、できるだけ詳しく思い出していくように意識しましょう。

思い出した記憶は、2時間ごとに面接者が訪ねてきますから、そのときに報告をします。

面接者は屏風の前まで来ると、まず姿勢をただして正坐をします。

つぎに、丁寧に合掌、礼拝をしてから屏風を開けます。

「ただいまの時間、どなたに対して、いつのご自分を調べてくださいましたか」

と、尋ねられます。

複数思い出された場合、すべてを報告する必要はありません。自分で重要だと思うものを、1つ~2つ程度選択して話しましょう。たとえば、

「高校3年生のときの、母に対する自分を調べてみました。していただいたことは……、して返したことは……、迷惑をかけたことは……でした。つぎの時間は、大学1年生のときの母に対する自分を調べさせていただきます」

というように答えます。

面接者が「ありがとうございました」と告げますので、最後にお互いに礼をすると、屏風が閉じられ、面接者は次の内観者を訪れます。

この1回当たりの所要時間は1~3分間が平均であり、これが7~8回繰り返されると1日が終わるという算段です。

なかなか内観が進まない、という方がおられます。

そのようなときは、面接者に相談をすると、特定のテーマを与えてくれます。

たとえば、「嘘と盗み」というテーマがあります。

これは、前述の3つのテーマを補完する形になりますので、自分の行動によってどのよ

うな罪の意識を感じていたかを再体験することができます。

また、「養育費」というテーマもあります。

学校を卒業して社会人になるまでに、親にどれだけの学費や生活費の負担をかけたのかを思い出すテーマです。給食費、修学旅行の積み立て、参考書の購入費や塾代など、ざっと頭の中で計算してみても、とんでもない金額になることがおわかりかと思います。

ですので、きっと思い出せないだろう、それなら集中内観は止めておこう、と自分勝手に思い込まず、思い出せないのであれば、面接者が特定のテーマを与えてくれるだろうというぐらいの感覚で、参加されてみるのもよいかと思います。

食事は、坐っている場所まで運ばれてきます。

ひとつの膳に盛り付けられており、そのお膳の上げ下げは面接者や研修所のスタッフが行います。3食すべて心が込められており、量は平均的なものが準備されます。

食事を大広間などでとると、他人の目が気になり、会話も生じてしまいますから、屏風の中でいただくのが原則となっています。

食事中には、内観を促すための参考テープが流されます。テープの内観と比較して、自分の内観の浅さを知り、もっとがんばって調べようという前向きな気持ちにさせてくれます。

内観研修所では、たとえ食事をしているときでも、入浴中でも、1分1秒を惜しんで内観するという姿勢が求められています。

1日の終わりには、毎日入浴できます。身体がさっぱりしないと、精神が整ってこないものですから、身ぎれいにして、また続けて内観していきましょう。

このように食事、睡眠、風呂以外は、起きてから寝るまでの間、新聞、ラジオ、テレビ、スマホなど、あらゆるメディアからの情報を完全シャットアウトした状態で過ごすことになります。もちろん、面接者以外の他の参加者と話す機会はありません。

内観に集中できる環境が整えられている場所、それが内観研修所だといえます。

ちなみに、内観者がまず驚くのは、自分に与えられた屏風に入ったときでしょう。屏風を開けると、剥げた壁が目に飛び込んできます。どれだけ多くの人がここに坐り、懺悔したことでしょうか。この場所で皆、熱い涙を流したのです。

面接者とは

集中内観の間、一定時間ごとに内観者を訪れ、その聞き役となる存在が面接者です。

面接者は、ただ聞くことのみに徹する姿勢が求められますが、非常に重要な役割があります。

ただ聞くだけ……。簡単なようで、なかなか難しいことです。

内観者から同意を求められるとか、相談にのってほしいなどといわれることもあるかと思いますが、それは内観の趣旨に反するため、臨機応変の対応が求められます。

また、「内観者が3つのテーマから逸れているな」と感じたら、うまく軌道修正をして、そこに集中できるように導きます。

さらに、集中内観の期間中は、内観者のために待機しておかねばなりません。肉体的、精神的負担が大きくのしかかります。1週間の集中内観が終わると、すぐ次の集中内観の

ための新たな内観者が訪れてきますから、1年中、休む暇がありません。

面接者は、想像以上に大変だというのがおわかりいただけたかと思います。

ただ、内観者の中には、「面接者って本当に必要だろうか。自分が内観をして、気付いたことをノートにメモしておけば、それで十分なのではないか」と疑問をもつ人がいますので、ここで答えておくことにします。

ノートに書くとなると、(1)ノートに意識が集中してしまう、(2)ノートに書ければよいと目的が変化してしまう、この2つが内観が深まる障壁となるのです。

具体例をあげて説明します。

(1)過去を思い出すという作業よりも、面接者が訪ねてくるまでにノートにある程度の分量の文章を書いておかねばならない、完成させねばならない、という強迫観念が生まれてくるようになります。これでは〝作業のための作業〟が発生してしまい、ノートのことばかり考えるようになってしまうでしょう。

(2)たとえば、ノートに「小学校のとき、母親には本当に世話になった」と書いたとします。すると「本当に世話になった」という言葉を書くこと〝だけ〟で満足してしまい、「もっとよい言い換えの表現はないだろうか。四字熟語に置き換えてみようか」など、テクニックのほうに意識が分散して、それ以上、思考が進まなくなるのです。

ちなみに、過去に１人、面接者の存在に異議を感じた内観の研究者がいました。その方は、自らを実験台として、面接者なしで集中内観に取り組んでみました。

結果はどうであったか。

なんと彼は、初日でつまずいてしまいました。

思い出した内観の内容を逐次ノートに記入していったにもかかわらず、時間の区切りがつかず、停滞してしまい、雑念の波がつぎつぎと押し寄せてきたそうです。「やはり内観における面接者は必要であり、その存在は思いのほか重要である」と感じた彼は、内観を継続するために、２日目以降は面接者の訪問を希望しました。

奈良県にある「大和内観研修所」のホームページには、２０１４年10月から12月にかけて、集中内観者（男性６名、女性７名）に対して、内観終了後に１対１の面接を行った研究が紹介されています。

そこで明らかになったのは、インタビューを受けた13名の内観者すべてが、「内観面接が必要である」と述べたということです。

理由としては、「集中力を高めること」「内観への推進」「時間と内容を区切りにできること」などを挙げています。

また、ノートに記入するのと決定的に違う点として、「面接者に聞いてもらうためには、報告内容をまず頭で整理し、つぎにそれを言葉にし、それを話しながら自分自身も耳にするという3段階を繰り返さねばならない。この作業を繰り返すことで、内観は深まっていく」と、このインタビューを行った研究者は結論づけているのです。

一見、何もしていなくて、不要に思える面接者。

私は「何もしていない」という前提自体が間違っているのではないか、と感じています。一対一で黙って誰かと相対していることを想像してみてください。言葉はなくとも、その人の表情やちょっとしたしぐさから、相手が考えていることを類推することができるはずです。

黙って頷いているだけで何もしていないのではなく、面接者は内観者の前に現れるだけで、強烈なメッセージを発しているのです。

面接者は、屏風から内側に入ってくるときに、手を合わせ深々と一礼をします。それだけで「内観者を尊んでいる」というメッセージを発していますし、内観者はそれを感じます。この面接者の姿勢が、1週間という長期間にわたって脱落することなく内観を継続するための、大きな力になっているのです。

大学受験などで失敗し、浪人時代を経験した人ならわかるかもしれませんが、予備校に入らず、「そのほうが能率があがるから、家で1人で勉強すればよい」と言って、教材は通信教育などに絞り、いわゆる「宅浪」をする人がいますが、これはかなり強烈な意志がないと成功する保証はありません。

受験勉強でさえ、1人でやり遂げるのは難しいのです。

ましてや、自分の記憶の奥深くまで到達していこう、自分の人生を幸せなものにしていこう、という尊い作業には、面接者は唯一無二の不可欠な存在であるといえるでしょう。

ところで、吉本伊信が開設した内観研修所は、内観者を吉本夫妻の家庭に迎え入れ、夫妻と同じ屋根の下で研修を行うという、とてもアットホームなものでした。今でもこの様式は、多くの研修所で受け継がれています。

内観者は衣食住の心配なく、家族や社会とのしがらみから離れて、純真な子供のように心を委ねて研修を受けることができます。

新しい自分として生まれ変わるため、自己の内面をさらけ出し、ときには醜く恥ずかしい部分と繰り返し対面しなくてはならないという、この厳しい試練を最後までやり通すには、内観以外のことで心を乱されず、ゆったりとリラックスして集中できる環境であることが何より大切なのです。

そのため面接者は、内観者の言葉に対して評価を下すのではなく、すべてを受け入れ、どこまでも付き添っていくという受容的な姿勢をつらぬいています。

しかし、内観者が脇道へ逸れてしまいそうなときは、タイミングを逃さず適切な指導をして本道へ戻す必要もあります。面接者は内観者にとって、旅路を見守ってくれる情け深い母親であり、よい方向に導いてくれる父親でもあるのです。

面接者の指示に素直にしたがっていると、雑念から離れ、自然と内観が深まるように導いてもらえるはずです。

集中内観時の坐り方

内観は、自己のとらわれの心をなくし、真に自分を見つめる作業です。

この目的から逸脱しない限り、自由な姿勢で過ごしてかまいません。

たとえば坐禅などの修行では、結跏趺坐《けっかふざ》というように、厳格な体勢が決められておりますが、内観における坐り方は、３つのテーマを調べることができる体勢であれば、それでＯＫです。

大切なのは、ご本人が内観に集中できるような体勢をとることです。

中には、真面目に取り組みたいからという理由で、いきなり正坐をする人がいます。もちろん、どんな姿勢でもかまわないのですが、正坐を続けることに意識が向いてしまったのでは本末転倒です。集中内観では1日15時間以上、内観を続けることになりますから……。

面接者が訪れたときは、誰でも自然に正坐するとは思いますが、普段はあぐら、横に足

を出す、足を伸ばす……、さまざまなスタイルをとることができます。型にとらわれず、そのときに内観に集中しやすい体勢を選択するのが、よいと思います。

事情のある方は横になる体勢もＯＫですが、眠気をもよおすようだと思考が中断され、実習自体が無駄になってしまいます。

なお、坐る場所は、屏風で仕切られた空間内です。広さにして、畳半畳ほどはありますので、落ち着いて集中できるはずです。

誰から調べるか

まずは、母親からが基本となります。

その後、父親、兄弟姉妹などの家族へと進んでいきます。

なぜかといいますと、誰でも母親には大いに世話になっており、記憶が想起しやすいからです。

毎日の食事、学校などの弁当、部活の送り迎え、病気のときの看病、掃除洗濯……。思い出せば、きりがないでしょう。

「してもらったこと」を調べるのに、他の人物よりも比較的容易なのが母親なのです。

また、母親に対する想起は、父親や他の兄弟、上司や友達まで調べをすすめていく上で、内観の基本的なやり方をわかっていただくための入門的な材料ともなります。

ただし、母親を強く恨んでいる場合は、別です。

その場合、面接者と相談し、まずはおばさんやお姉さんなど身近な女性から始め、少し慣れてきたところで母親に切り替えていけばよいでしょう。

集中内観は、1週間という長期間です。最初に母親から入り、その後、父親や兄弟姉妹と続け、3～4日が経過して一通り終わったら、もう一度母親に戻ります。

2度目となると、ある程度の要領がつかめているため、思い出す量が増え、新たな気付きが出てきます。

1週間のうち、合計で3回ぐらいは、母親に対して調べることになると思いますが、じつは、1週間、母親に対してだけ調べ続けるのも、とても効果があるのです。母親に対する内観というのは、それぐらい重要だということです。

では、母親に対する内観では、どのぐらいの期間ごとに調べていくのが適切なのでしょうか。

これは内観者の属性によって異なります。

20代ぐらいの方であれば、幼少時より「小学校1年のときはどうだったか」「小学校2年のときはどうだったか」というように、1年区切りで調べていけます。

ただ、30～50代の人となると、記憶が曖昧になりますから、「幼稚園のときはどうだったか」「小学生のときはどうだったか」「中学生のときはどうだったか」というように、1度目の調べでは3～5年ぐらいの期間を設けたほうが、記憶を引き出すのに効果的だといえます。そして、2度目以降の調べで、少し区切りを細かくしていけばよいでしょう。

余談ですが、ある心理学の教授は「母親に対する見方・考え方で、その人の深さ・重さがわかる」と述べています。

この教授によると、どんなに人から尊敬されている方であっても、母親に悪い思いを持っている方は、往々にして幸せの薄い人生を生きていて、よい思いを持っている方なら、人間関係に恵まれ幸せな人生を歩んでいる確率が高いそうです。

内観によって母親に対する印象が変化すると、人生が変わります。

母親に対しての内観

書籍などの情報により、内観に対して事前情報が入っている場合ですと、「自分は至らない人間だ。内観を深め反省しなければならない」というような思いで、集中内観に参加する方がいます。

意気込みとしてはよいのですが、内観は〝反省を強制するもの〟ではありません。

あくまでも、過去の記憶を思い出し、事実だけに気付いてもらうことが目的です。

なぜなら、私たち人間というのは、他人から「反省しろ」と命令されて、そうできるものではないからです。

皆さんは、多かれ少なかれ、親、学校の先生、上司などから説教をされ、反省を促された経験があるでしょう。

そんなときに、素直に心から反省できたでしょうか。よほどできた人間でないと、「あなたの言っていることは正しいが、納得はできない」というように〝反発心〟が生まれ、言い返してしまうでしょう。

そのような行為を責めるつもりはありません。それが人間という生き物が持つ、自然な性質ですから。

集中内観を行っている間は、3つのテーマ「してもらったこと」「して返したこと」「迷惑をかけたこと」に関して、「ただ思い出す」という行為だけに意識をフォーカスすればよいのです。その行為そのものが、内観で言うところの〝反省〟というものです。

そんな簡単なことで反省したことになるのかと、疑問に思う方もおられるでしょうが、その「思い出す」という単純な行為が、意外に難しいということに気が付くはずです。

1～2日目には、何も思い出せなかったと、後に感想を述べる人が多々います。

なぜ思い出せないのでしょうか。

それは、親から「してもらったこと」は忘れやすいからかもしれません。

たとえ話をします。

読者の皆さんは、〝空気〟に感謝するでしょうか。

皆さんが生まれたときから〝空気〟は地球上にたくさん存在していますし、すべての地球上の生物はそれを当たり前のように吸って、呼吸をして、取り込んだ酸素をエネルギーへと転換して、行動をしていますね。

親は、空気と似ています。

もともと皆さんの周りにいる、〝当たり前〟の存在です。

ご飯を作ってくれて当たり前、掃除洗濯をしてくれて当たり前、旅行に連れて行ってくれて当たり前……。

このような生活上の出来事は、子供の立場となると、非常に忘れやすいものなのです。

反対に、嫌なことほど覚えています。「友達と遊ぶ前に、勉強しろとばかりいう」「無理矢理、習い事に行かされた」「スマホやゲーム機を取り上げられた」「日曜日に遊園地に遊びに連れていってくれると約束していたのに、親の都合で行けなくなった」などなど。

まずは、母親から「してもらったこと」に集中するのが、内観を深めていく上で、最善かつ唯一の方法だと言ってよいでしょう。

内観の深まり

集中内観は、7泊8日にわたって行われます。初日と最終日は半日だけで、日曜日の午後から始まり、次の日曜日の午前中で終了します。

一般的にいって、最初の1～2日目は要領がつかめず、内観が進まない人が多いように思います。

雑念もつぎつぎと湧いてきますし、意識をどこに向ければよいか、なかなかわかりませんから、初日や2日目ですと、実質的には合計して数時間程度といったところかもしれません。

このような方であっても、3～4日目になるとコツがつかめてきますから、こうなると進みやすく、より前向きに取り組めるようになり、5日目以降ともなれば、しっかりと取り組めるようになるはずです。

では、そのときどき、内観者にはどのような意識の変容がもたらされるのでしょうか。

さきほども申し上げましたように、初日や2日目は、雑念との戦いです。「まったく、何も思い出せないじゃないか」「内観など、到底できないぞ」「どうしてこんなところに来てしまったんだ」「ああ、早く帰りたい」といった具合に、です。

ただ、この時期を乗りきって、なかば諦めの中で荒海に身をまかせるような気持ちになったとたん、穏やかで静かな海をただよっているような自分に気が付くでしょう。淡々と過去を思い出すことができるようになります。

このようにして気付いた事実が積み重なってくると、「してもらったこと」や「迷惑をかけたこと」の多さに圧倒されます。その驚きが、「もっと他になかっただろうか」というように、調べを加速させていきます。

そうなれば、あとは自然に、絶対的な受容への気付きから情動体験へと、内観が深まっていきます。

なお、たとえ内観が深まったとしても、超常現象とか、いわゆる〝神秘体験〟のようなものを経験することは起こり得ませんし、そのような報告もありません。

絶対的な受容への気付き

人格の形成は、その人の幼少期の体験と深く結びついているといわれています。人間は、1人で生まれて成長するわけではなく、家族、学校の教師や友人、職場の人々など、たくさんの人との関係性の間で育っていきます。ですからその関係性によって、人生は貧しくも豊かにも、窮屈にも自由にもなります。

たとえば、テストで100点を取ったときだけベタ褒めし、失敗したときは怒るという条件付きの偏った愛情表現をする親のもとで育った子供は、自己肯定感が低い一方でプライドは高く、失敗すると簡単に折れてしまうような不安定な人格になりやすいことが知られています。

自分自身を大切にし、他者からの批判や挑戦的な態度にもくじけない円満な人格に育つには、幼少期に親から「どんなあなたも愛している。受け入れている。赦している」とい

う、絶対的な受容の態度を示されることが不可欠だといわれています。

1週間かけて、親から「してもらったこと」について思い出し、言葉にして何度も語るということは、すなわち、「自分が愛されていた」という事実を繰り返し再体験することにほかなりません。

たとえ実際の親からあまり愛情を受けずに育った人だったとしても、たった1つの愛情を発見するだけで、あるいは他の誰かから「愛されている」「大切にされた」という感情を繰り返し心に刻印することで、世界の捉え方が180度変わるような大きなカタルシスが起こるのです。

内観によって新しく生まれ変わった自己は、以前よりも明るく、柔軟性があり、思いやりのある人格となっている場合がほとんどです。

たった1週間で、心が安定するようになるばかりでなく、その後の行動様式までガラリと変えてしまうというのですから、人間にとって「愛されること」がどれほど大切なのかがよくわかります。

「愛されていた。ありがとう」「申し訳ないことをした。ごめんなさい」という2つの感情をつぶさに思い出していく中で、傷ついた古い自己を癒やし、和解し、自分自身の力で新たな自己を獲得していけるのです。

集中内観は、家族の中で愛されながら育った過程をもう一度やり直す、「生まれ直し」の機会でもあると、いえるかもしれません。

情動体験の訪れ

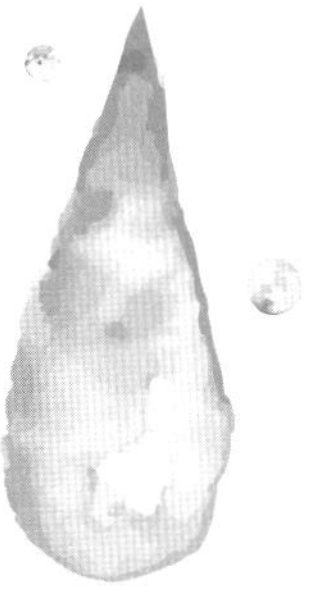

屏風に囲まれた穏やかな空間の中で、「してもらったこと」「して返したこと」「迷惑をかけたこと」という3つのテーマを振り返っていると、過去の体験が鮮やかに浮かんでくるだけでなく、それとともに感情が高まりをみせ、唐突に大きな転換点に至ることがあります。

内観前は「親から憎まれた」「勉強や習い事を強制された」など、さまざまな思いがあったとしても、それらが悪意からくるものではなかったこと、親への偏見からそのように誤解していたことなどに気付く例が多いようです。

すると、大切なことに気が付けた自分に対して、大きな喜びのような気持ちが身体の奥底からふつふつと湧いてきます。

まるでパズルが解けるような感覚で、まったく違った光景が見えてくるのです。

自分の人生の目的がつかめるようになり、そういった心境にまで到達できたという達成感に満ちあふれます。

このような意識の高揚は、ときに「声に出して叫び出したいぐらい」のものになる場合もあるようで、これを情動体験と呼んでいます。

情動体験を経ることで、そのときに気が付いたことが自分の中にしっかりと根付き、揺るぎないものへと変換されるはずです。理屈抜きのリアルな体験ともいえ、仏教でいう悟りに近いものかもしれません。

この体験で自分の中に刻み込まれたものは、容易に消え失せる性質のものではないのです。ただし、この段階には、左脳的な論理的思考をメインにしたアプローチだけで到達できるものではありません。弁証法的に論理を積み重ねて認知を修正するだけでは、なかなかむずかしいのではないでしょうか。そのようにして到達しようと悪戦苦闘するくらいなら、屏風の中で静かに坐り、ただ真面目に人生を回想するほうが、まだましでしょう。

集中内観のメリットは、理論に頼るものではなく、過去の事実という具体性にあります。ただ3つのテーマをまじめに追い求めているだけで、多くの人が無理なく情動体験にまで到達できるということです。

「今の自分のままではだめだ」「積極的に自分の人生を変えていきたい」というように、内観にまじめに取り組む姿勢がある方は、内観研修所での説明と、面接者の指示に従うことで、3~4日目ぐらいまでに情動体験に到達する方が多いように思います。

ただ、気付けたからといって、そこが集中内観のゴールというわけではありません。その後の残りの日程において、「より一層まじめに取り組んでいこう」という意欲が強化されると認識していただくのが、よいかと思います。

内観の深さと治療効果

集中内観を受けた結果、どうなるか。

内観者個々によってその深さ、効果はまちまちです。

前項でご説明した情動体験のようなものが経験できれば、それに越したことはありませんが、できなかったからといって、落ち込む必要はまったくありません。

内観中に涙が出てきて止まらなかった、という人がいます。ただ、涙が出たからといって、それが即、深い内観を経験できたということではありません。

たとえば、テレビのワイドショーのキャスターやコメンテーターは、悲しい出来事のVTRを見ているときは、みな声を詰まらせ涙ながらに感想を述べていますが、CMをはさんで、お笑い芸人が自虐ネタなどを披露するシーンに変わると、みなキャッキャとはしゃいでいます。その間、1〜2分間のことです。

涙は、内観の深さをはかる物差しにはなりえないのです。

では、いったい何をもって客観的な基準とすればよいのでしょうか。

吉本伊信は、食事後の皿を見ればよい、といいます。

集中内観中、3つのテーマに一生懸命に取り組めば、自然とお腹が減ります。また、自分の周りのあらゆるものに感謝の気持ちが生じます。食事を準備してくれた人だけでなく、肉、魚、野菜などの食材にも感謝の気持ちが湧いてきます。ですから、提供されたご飯やおかずを残すというのは、それだけで疑問です。魚の骨が散らばっていたり、茶碗のあちこちに米がついたままになっていたり、残飯がある状態を見ると、その人の心の内が一目瞭然だそうです。

ただ、治療効果という観点からすれば、そのような主観的なものではなく数値化された基準を示すべきですから、そこは吉本伊信も心得ており、12段階のものを挙げています(『禅的療法・内観法』佐藤幸治編、文光堂発行、より)。

無評定　来所したが内観せず。印象なし。
0点　指導者と話をするのも嫌う程度。

1点　宿を借りに来たとしか思えない程度。
2点　仕方なしに坐っていた程度。
3点　指導者とちょっと話し合った程度。
4点　わずかながら内観らしい形になる程度。
5点　求道心はある。無駄ではなく、やらないよりはましな程度。
6点　だいぶ熱心。録音してもいいなあという例もある程度。
7点　ぜひ録音をとっておきたいほどの熱心さ。内観者といえる程度。
8点　とびきり熱心。優秀な内観者。
9点　まれに見られる模範的内観者。
10点　最高の内観者（まだ1人もいない）。

また吉本伊信だけでなく、指宿竹元病院の竹元隆洋は、医師として多くの患者をみてきた経験をもとに、独自の評定基準を発表しています。

マイナス3点　やる気がない。思い出そうとしない。

マイナス2点　一応やる気はあるが思い出せない。
マイナス1点　思い出してはいるが、3つのテーマに沿っていない。
0点　3つのテーマに沿って思い出す。
1点　具体的に想起して、相手の立場から自己を見ることができる。
2点　自己像が変化する。自己を否定的に見ることができる。
3点　相手の気持ちに共感できる。他者像の変化と感謝の気持ちが生じる。
4点　他者からの愛を自覚し、自己の罪責感が強化される。
5点　他者像が拡大され、すべての人々からの愛とすべての人々に対する罪責感を自覚する。
6点　深い感謝と喜びが、勇気と自信に変容し、積極的姿勢が生まれる。

個人的には、集中内観の参加者を竹元式で評価すると、とりあえず0点から上であれば、それでよしと思っています。
吉本伊信の食後の皿の例と12段階の評定、および竹元医師の独自の評定基準を見ても明らかなように、内観が深まるということは、個人の人格の成長度合いとほぼ比例関係にあるということです。

ですので、人格に起因して精神的な不調を生じているような人は、内観が深まると自然と治癒の方向に向かっていくことが多いように思います。

一方、内観が浅いと判断された患者の症状がどうかというと、表情や発声など外部から判断できる部分に積極的な変化が見受けられなくても、深い内観を実現している可能性がありますから、注意が必要です。心を病んでいる人は、顔の表情や声で自己表現をするのを苦手にしている人がいるからです。

また、そのような人たちの内観が〝本当に浅かった〟としても、厳密な統計データがあるわけではありませんが、ある程度の治療効果が見受けられるケースが多々報告されています。

ですから、〝内観は深まらなければならない〟〝情動体験を得なければならない〟というような思い込みをもって、内観にのぞむ必要はありません。

言葉だけの反省は必要なし

集中内観の面接者に対して、「すみませんでした」「あの頃の自分を深く反省しています」というように、やたら〝反省の弁〟を述べる内観者がいます。これを悪くいうつもりはありませんが、内観者の〝心の声〟であるかどうかと問えば、違うと思うのです。

一般社会において、何かミスをしでかした場合、反省の弁や始末書という名の反省文が求められることが多いと思います。

そのようなとき、心から反省していなくても、「○○のようなことをしてしまい、申し訳ございませんでした」と謝る態度を見せれば、それで許されるのが日本社会の習慣だと思います。

そのような習慣を長年続けてしまい、心に思っていなくとも、反省さえすればよいのだ

という間違った習慣が身についてしまったのかもしれません。

繰り返しますが、内観は反省を求めるものではありません。

その一方で、すぐれた自己反省法のツールでもあるのです。

このようにいうと禅問答のようですね。頭の中が「？？？」というマークでいっぱいになって、困惑されている読者の方々の姿が目に浮かぶようです。

うわべだけの反省なら、誰でもできます。

テレビなどで、芸能人や有名人などが謝罪をする場面で、土下座をすることがあります。あれを見て、皆さんはどう思われるでしょうか。土下座をしているからといって、反省の度合いが深い、と思われるでしょうか。多くの人が、〝単なるパフォーマンス〟だと理解するでしょう。

日本社会において、反省という態度は、表情がしおれていたり、背中をまるめていたり、泣いていたりという、外見や態度で評価されます。

しかし、内観においてはそうではありません。

極端にいえば、反省していようがしていまいが、どちらでもよいのです。

反省は〝結果〟にすぎません。

内観が求めているのは、3つのテーマに沿って過去を想起する、この1点のみなのです。そこで想起された事実を、丹念に1つずつ積み上げていくと、初めて真の反省心に至ることができると考えられているからです。

3つのテーマに沿って一生懸命に集中する、その姿こそが〝真の反省〟に至る唯一の道となります。

集中内観を終えるにあたっての注意点

集中内観の最終日は、午前中、座談会が行われます。

帰り支度を済ませた内観者が全員集合し、長かった1週間を振り返るよい機会となるのです。面接者から「よくがんばった」と祝福されているような、晴れがましい気持ちにもなるでしょう。

また、内観者の立場からしても、面接者だけでなくこの感動を他の参加者に対して話したいという思いを持っている人が多数います。特に同じ部屋で内観をともにした仲間は、会話は禁止されていましたが多少の接触はあるため、共同生活を営んだ仲間であるという意識が芽生えているものです。

そこで、全員が輪になって坐り、順番にこの1週間の感想を語りあっていきます。

この座談会は、互いを祝福する卒業式でもあり、総仕上げの場ともいえます。

私もこの座談会を体験した1人ですが、鋳型に流し込んだ鉄が一気に冷やされて固まるように感じました。多くの内観研修所では、その内容を録音して、各自に記念品として渡してくれるでしょう。

集中内観を終えたあとというのは、内観者は母親や父親に対して「一刻も早く会ってお礼を言いたい」という心境になることが多いようです。

母親や父親の側も、内観者が帰ってくるのを心待ちにしています。

内観者の保護者の中には、それまで付きっきりで面倒をみていたりして、疲弊している方々がいますが、彼らにとっても、自分の子供たちと一定の時間と距離をおくことで、それまでの自分の行いを冷静に振り返ることができるようです。

このように、家で待っている側にしても内省的になっていることが多く、家族との対面は感動的な場面になることが多々あるようです。これも集中内観の効果の1つと言ってよいかもしれません。

ただ、集中内観後には、問題点もあります。

それは、一種高ぶった気持ちのまま、いきなり現実社会に復帰してしまうことです。

すると、対人関係などでふたたびトラブルに巻き込まれてしまうことがあります。そのような場合は、いきなり家族のもとや職場に帰らせるのではなく、医師と相談の上、一定期間病院の中などでゆっくり過ごす、〝緩衝期間〟を設けてもよいでしょう。

集中内観後のフォロー

集中内観を終えて社会に戻っても、その感動体験や記憶はいつまでも心に残ります。いつでも、その思い出に浸ることはできますし、心の支えになることは間違いありません。ですが、それらの貴重な体験を実生活に結びつけていくためには、ある程度の工夫が求められます。

集中内観が終わってしまうと、内観者という立場で世話になった面接者や、研修所のスタッフなどとの関係はいったん切れてしまい、心の拠り所がなくなってしまったと感じることがあるからです。その代替となるものが必要になります。

そこで、いくつかの受け皿となるものを紹介しておきたいと思います。

まず、「自己発見の会」というものがあります（「資料——内観療法の組織と活動」）。

これは、内観を体験した人、これから体験しようとする人、内観に興味を持つ人、心の問題に興味を持つ人たちが集うための会です。少しでも多くの方々に内観の存在を知っていただきたいという願いから、この会がつくられました。自己発見の会に参加することで、互いに励まし合いながら、内観を深めていくことができます。インターネット上にホームページが開設されており、内観に関するさまざまな情報を得ることができます。

全国の内観研修所においても、それぞれのやり方で、内観体験者の集いが実践されています。

私が運営に関わっている例としては、年に数回、山陽内観研修所のバックアップを得て、大学の一室で「内観の集い」を行っています。

1回あたりの人数は、10～20名ほどの少数ですが、毎回のメンバーは異なっており、有意義な感想が述べられたり討論が行われたりします。

そこでは、できるだけ穏やかな雰囲気づくりを心がけて、まずは自己紹介をかねて、全員に近況などを語り合ってもらっています。

題材は何でもかまいません。

何か話さないと、というようにプレッシャーに感じることがないよう、最近見たテレビドラマであるとか、近所の犬に餌をやったとか、そのような日常的な話題を中心としていますから、意外と盛り上がるものです。もちろん、内観にまつわる話題も自然に出てきます。とにもかくにも「楽しく、また来たい」と思ってもらうことが大切ですから、反省などを強要することは一切ありません。

基本的には自由討論ですが、私のような主催側のスタッフとしては、参加者から提案された話題に対して、簡単なアドバイスを行うように心がけています。中には、「病気の症状が強くて、このような会に適合できない」と不安になっている方が来られますが、心配ありません。参加者の多くは、誰かをサポートしてあげなければいけないという意識をもっていますから、敏感に空気を感じ取り、話題が盛り上がるにつれて、そのサポート対象の人にも発言しやすい空気づくりを醸成してくれます。

このときの発言の内容には、あまりこだわらなくてもよいでしょう。

それよりも、語ってもらうという行為自体に大きな意味があるのです。

皆の前で何か話すことができたということが、大きな自信と満足につながります。

人間とは不思議なもので、繰り返し長所をほめられて、はじめて自分に自信がもてるようになるものです。話し手として皆の前で発言をすれば、その瞬間は誰もが主人公になり、充実感を得ることができるでしょう。

また、自分の話を他の参加者が親身に聞いてくれると、他者との連帯感を感じられますし、徐々に他者との交流が深まることで、集団によって個人が支えられていると実感することもできます。

開催時間としては、２時間程度が目安となります。

集中内観終了後の日常内観

集中内観の直後は１８０度の心の転向を得たつもりでいても、忙しい日々の生活の中で、徐々にその気付きを忘れていってしまうのが人間というものです。

１カ月、２カ月、半年と月日が経過するうちに、もとの自分に戻ってしまうということがよく起こります。

内観で一度つかんだ気付きを継続して忘れないでいるためには、どうすればよいのでしょうか。

答えを先に言います。

スポーツや楽器と同じように、日常生活の中でも時間を見つけて内観を継続していくことが必要となります。農作業を行う人は、畑によい作物を実らせるために、畑の草むしりをして土を耕すことを怠らないように気を付けています。同様に私たち内観者は、日常的

に内観を続けていくことで心を耕し、気付きを保持し、さらに深めていくことが大切になるのです。

集中内観後の日常内観では、面接者がおらず、自分だけで「してもらったこと」「して返したこと」「迷惑をかけたこと」の3つのテーマを繰り返し想起しなければなりません。ですから、まず、その時間を確保することが重要になります。通勤通学の電車の中や、トイレの中、夜寝る前など、各自のやりやすい時間やタイミングを決めておくと、取り組みやすくなるでしょう。

ただし、日常内観というものは、思いのほか継続することが困難です。

ストイックになりすぎても苦しいだけですから、ときには気分転換に旅に出て、美しい景色の中で内観するのもよいでしょう。キャンプに行って、夜、星を見ながら内観するのもよいでしょう。

内観というものの構造上あたりまえのことなのですが、「自然の中で生かされる」といった、いわばアニミズム的な発想からは遠いところにあるのが立ち位置だと思います。今後の内観における課題として、そのような自然という視点をいかに取り込んでいくかが大切になってくるのではないかと、私は思っています。

さて、集中内観では、おもに母親や父親など身近な家族を対象にしていましたが、日常内観では、友人、上司、部下など、そのときどきに直面している問題に応じて自由に内観対象を決めることができます。

ただ吉本伊信は、日常内観の対象について次のように述べています。

「母親についての内観が〝1桁の足し算〟であるとすれば、仲の悪い人に対しての内観は〝10桁の割り算〟のようなもの」

感情を交えず客観的に事実だけを思い出すのが内観であるとはいえ、学校や職場にて摩擦を引き起こしている相手について内観するのは、家族について内観するよりもずっと難易度が高いものです。

日常内観をうまく軌道にのせて生活に取り入れるためには、内観する基本姿勢を集中内観で徹底的に身に付けてからが望ましいのです。

面接者に話をする代わりとしては、反省した内容や気付きを手帳やノートなどにメモしておくのもよいでしょう。

第4章

内観の種類について

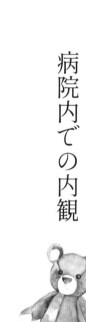

病院内での内観

病院で集中内観を導入する場合には、どういったことに配慮すればよいのでしょうか。

精神科の患者は、健常者よりも体力的、気力的に疲れやすくなっています。

また、治療薬の影響により、思考力や集中力が通常より低下していることが多いため、必ずしも吉本伊信の原法どおりに内観させるのが効果的というわけではありません。

内観のエッセンスを大切にしながら、専門医の指導のもと、それぞれの患者に合わせた形で柔軟にアレンジして実践するとよいでしょう。

1日に行う集中内観の長さとしては、午前3時間、午後4時間の1日7時間を目安として、患者の状態に合わせて調整します。日数も原法では1週間ですが、患者の持続力に合わせて短縮してもよいでしょう。

面接の頻度は、原則では2時間おきとなっていますが、2時間で思い出すことは患者にとってハードです。1日の面接回数を減らし、患者がその間にゆっくりと思い出せるよう、午前1回、午後1~2回までというように、間隔を長めにとります。

睡眠の影響が残っている早朝、寝付きを妨げる恐れのある夜間の面接は避け、1日3~4回程度とするのが望ましいです。

精神科の患者にとって、内観を達成できたということは大きな自信につながります。特に、自己否定が強く自信をなくしている場合などでは、内観に失敗して自信をなくしてしまえば逆効果となります。無理なく取り組めるよう、期間や時間はゆるめに設定するなどの工夫が必要となるのは、そのためです。

なお、統合失調症のような重い精神病患者に集中内観を試みることは、控えたほうがよいでしょう。そうした場合は、あとでお話しするように、患者の家族が代わりに内観を受けることで患者がよい影響を受け、症状の改善につながることがあります。

また、3つのテーマのうち「迷惑をかけたこと」について思い出すことに抵抗が強く、かえって混乱してしまうような場合は、「してもらったこと」「して返したこと」の2つだけに絞って内観してもらいます。

内観の対象については、通常のように母親、父親、兄弟……のようにどんどん広げていくよりも、母親なら母親だけというように、特定の人について繰り返し内観するほうが効果的です。

面接は本来、主治医がすべて行うことが望ましいのですが、医師の勤務状況からは難しいため、実際には医師のほか看護師、ソーシャルワーカー、心理師など複数のスタッフがチームを組んで面接にあたることになります。

複数のスタッフで面接にあたることで、それぞれのキャラクターによって、父親的、母親的、友達のように話しやすい……など、役割分担ができるという利点もあります。

なお、面接チームのスタッフは、自らが集中内観を経験していることが望ましいのはいうまでもありません。

面接者となるスタッフは、上から目線でアドバイスするようなことは避け、自らの力で変えてやろうとするのではなく、研修所におけるものと同じように、あくまでも「面接をさせていただく」という謙虚な姿勢を持ち続けておかねばなりません。

内観者の話が拙くて、よく伝わらないときもありますが、うまく表現できないだけで、本人にとっては重要な気付きや内面的な情動がある場合があるからです。

また、集中内観では原則としてメモをとることは禁止されていますが、話し言葉よりも書き言葉でのコミュニケーションのほうがスムーズな患者や、書かないと面接のときに忘れてしまうような患者の場合は、内観中に気付いたことをノートに書いてもらってもよいでしょう。

集中内観中は、カウンセリングを併用しません。

内観は自分自身の力で想起し、語り、見つけていくものなので、それと、医師と患者の対話の中で解を見つけていくカウンセリングは相容れないため、患者が混乱をきたしてしまう場合があるからです。

集中内観を契機として、患者と医師との関係がそれまでより良好になることが多々あります。面接者がひたすら聞き役に徹し、患者が気付き変化する様子を見届ける場面を通して、単なる治療する・されるという立場にとどまらない、あたたかい関係性を育むことは、後にカウンセリングを行う上で大きなメリットとなるでしょう。

家族内観

最近、親子関係の問題として、親離れ、子離れができていないということがよくいわれています。
親子が相互に依存していると、相手の問題を自分の問題としてすり替えてしまったり、自分の問題を相手のせいにしてしまったりなど、相手への適切な関わり方が見えなくなってしまいます。
また、親が子供に必要以上に介入してしまい、過保護、過干渉となり、子供が自分自身を信頼できなくなってしまうケースや、子供が両親のどちらか一方のみにべったり思い入れすることで、成長しても自立した大人になりきれないケースなど、親子の問題というのはじつにさまざまです。
内観研修所には、うつ病などの精神科の病気だけにとどまらず、人間関係がうまくいかない、恋愛がうまくいかないなど、多彩な悩みを持つ人たちがやってきます。それらの悩みは、本人が1人で引き起こしたというより、じつはその両親との関係のあり方と深くつながっていることが多々あります。

そのため、患者だけではなく、患者の家族に内観を体験してもらうことは、大変意義深いことです。患者だけが内観をしても十分効果的ですが、家族同士がそれぞれ内観し、双方向に反省と感謝を交わすことで、よりいっそうの相乗効果が期待できるのです。

患者と家族それぞれがお互いへの甘えや依存をやめ、自我の確立された一個人として目覚めれば、自立した者同士としてお互いを尊重し、大切にできるようになります。

また、子供に不登校、引きこもり、非行などの問題が出た場合に、本人でなく親が内観することで状況が改善することもあります。「親が先に坐るのが順序です」と、吉本伊信は言っています。

東京都にある「白金台内観研修所」（現在は「奥武蔵内観庵」と改称し埼玉県に移転）のホームページには、元非行少年の父親Hさんの手記がありますので、以下にご紹介します。

「私が白金台を訪れ、集中内観を経験したきっかけは、中学生だった長男の非行でした。

真面目に一生懸命働いてきたのに何故だ、という思いがありました。

内観はうんと困ればよいとか、見る眼と聞く耳をつけてくれるとかいわれていましたが、何のことか全然わかりませんでした。しかし、私の場合は、うんと困っていたことが幸いしたようで、藁をもつかむ思いでひたむきに内観にのぞめたのがよい結果になったようです。ダイヤの原石のくもりを除き、輝きを引き出してくれるとのことでしたが、これも何のことかさっぱりわかりませんでした。

4日目の水曜日頃から、昔のことが泉の水が湧き出るように思い出されるようになり、その中から、していただいたことがつぎつぎ見えてきました。して返したことは悪いことばかりで、迷惑をかけたことばかり思い出されました。

1週間が終わっていろいろなことに気付かせていただき、何よりも驚いたのは天地がひっくり返ったぐらい、ものの見方や考え方が変わっていたことでした。何よりも自分の至らなさや愚かさ・無知を思い知らされました。新しい人生のスタート台に立ったという実感がありました。

もっと早く内観をしていればという思いと、遅かったけれど内観にめぐり合えた自分は幸せだという思いもあり、内観にいきあわせてくれた長男に、『すまない、ありがとう』

と心から感謝できました。すまないと思ったのは、非行の責任が自分にあったことが理解できたからです。

私が集中内観の結果、得たと思われる中に、新聞を読むにしても、拾い読みができるようになったこととか、本を読むにしても最初に目次をさっと見て全体像を把握しておくとか、物事の計画を立てるのが以前と比べものにならないくらい上手になったことがあります。まだまだ未熟で油断はできませんが、仕事をする上での判断力や決断力も数段高まり、企業内観が有効であることも実感しています」

親の子離れができると、子供は親から自然に離れられます。

親子関係の問題は、問題を引き起こしていると思われる子供だけにその原因を探るのではなく、親が内観することで解決できる場合があるのです。

身体内観

内観は母親、父親など〝人物〟に対して行うものです。

ですが、人物だけに限定するのではなく、自分の身体の部位などに行う「身体内観」というものがあることは、あまり知られていません。これは、おもに日常内観で行うものです。

この様式であれば、精神科以外の一般診療科でも取り入れる余地が十分ありそうです。

顔半分を覆い隠すように髪を垂らし、大きなマスクをしている女子大学生のIさんの例を挙げたいと思います。

Iさんは、大学の学生相談室にやってきました。

自分の顔のつくりが気に入らず、「整形したい」とばかり主張します。相談室でマスクを外して顔を見させてもらいましたが、表情はこわばっていたものの、年相応の普通の女性でした。「気にする必要はないと思いますよ」と伝えても、「いや、醜いです」と突っぱねられ、もうお手上げの状況です。

そこで私は、Iさんに、顔に対する内観を提案したのです。「ゲーム感覚で気楽にやってみよう」と、アドバイスを付け加えておきました。

じつは、Iさんがマスクを外して顔を見せてくれたことは、私には意外なことでした。と同時に、今、内観を提案すれば応じてくれるだろうと確信したのです。

ちなみに、なぜ顔に対する内観を提案したのかというと、Iさんの場合、通常の内観、すなわち親に対する内観を試みても「反省=気にならなくなる」という図式が思い描けなかったからです。

さて、彼女が思い出した内容は、「顔からしてもらったことは、小学生の頃、担任の先生から叱られて自分はふてくされていたのに、先生は私がとても反省しているように見えたのか、あなたはとても態度がよいわねと誉めてくれました。なぜか私は、他人からは真面目そうに見えるらしいんです」「顔にして返したことは、何もないです」「顔に迷惑をかけたことは、私が顔を嫌いぬいていることです。それでよけいに嫌な顔になっていると思います」というものでした。

自分の気に入る顔になるには整形手術しかありえない、と主張を曲げないIさんですが、表情は少しやわらいで見えました。Iさんは、「顔のことは全然好きではないのですが、ときにはこの顔が役に立つことがわかりました。気分のいい日には、勇気を出してマスクを外してみます。私って本当に頑固ですね」と語ってくれました。

もちろん、これでIさんの問題が一気に解決したわけではありませんが、その後IさんをフォローアップしていくNone上で、治療関係を築くためのよいきっかけとなりました。

この身体内観を提唱したのは、高口憲章医師（メンタルクリニック滴水苑院長）です。高口憲章氏の講演によると、氏は膝の悪い患者を診察するとき、これはと思う患者に対しては、膝に対して内観するようすすめるそうです。

ある患者が語ったことによると、「どうして私はこんなに運が悪いのか。なぜ私の膝はこんなに悪いのか。膝の痛みさえなければ、幸せな人生をすごせるのに……。これからもずっと足をひきずって生きるとはなんと辛いことか」と顔をしかめ、自分の人生の不運さを膝のせいにしていたようです。

ですが、内観を体験したあとは、「これまで膝をていねいにケアしたことはありませんでした。膝はもうすでに壊れかかっているのに、踏ん張って体重を支えてくれていますというように、考え方が変化してきたようです。最終的には膝に対する心の構えが変わり、痛みをある程度まで我慢できるようになりました。「痛いときはこうやって撫でてやるんです」と、笑顔が出るまでになりました。整形外科での専門的な治療にも積極的になり、随分と前向きな性格になったそうです。

なお、身体だけが例外的に内観対象として認められているわけではありません。「してもらったこと」「して返したこと」「迷惑をかけたこと」、この3つのテーマに沿うならば、モノに対して行ってもかまいません。

事故で愛車にかすり傷を受けた30代の女性が、車はきれいに修理されたにもかかわらず、何カ月間も落ち込みから回復できませんでした。また、ある50代の女性は、お気に入りのルームシューズが破れて使えなくなったので、買い換えようと思い立ちました。古いシューズを、ゴミ袋に入れる前にきれいにしてあげようと思い、雑巾で鼻歌まじりに拭きはじめたのですが、突然悲しみがこみ上げてきました。理由がまったくわからないまま、その場にうずくまって号泣してしまい、棄てられなくなりました。

彼女たちにとって、車やシューズというモノは自分自身だったのです。壊れたモノに対する内観は、傷ついた自分をなぐさめ、そして現実を受け入れていくプロセスそのものです。

さらに対象を拡大して、仕事や趣味に対して内観するのもＯＫです。それは自分の人生目標を再発見するという、心の生まれかわりのプロセスなのです。

自分に対する内観

内観は本来、他者の視点から自分を見つめるものであって、自分の視点で自分を見つめるものではありません。
そのような原則を承知した上で、ここであえて「自分に対する内観」を提案し、会社員Jさんのケースをご紹介したいと思います。

Jさんは、一流企業に勤める58歳の男性です。
濃紺のスーツがよく似合い、髪を短めに爽やかにカットした容姿は、実年齢よりも若々しく見えます。一日中外回りで取引先を訪問し、営業成績は常にトップの実力の持ち主です。長年の努力の甲斐があり、現在では部長にまで昇進しました。

一方、家庭生活においては良妻賢母の伴侶、２人の子供に恵まれ、その子供たちもすでに大学を卒業し、就職、結婚。来年には孫ができる予定だそうで、誰から見ても順風満帆な人生であることに間違いありません。

ところが昨年、Ｊさんは私の病院の精神科に受診に来られ、「夜、よく眠れません」と不眠症状を訴えました。詳しくお聞きしてみると、他にも「慢性的に疲れが残る」「ふとしたことで気分が落ち込んでしまう」とのことでした。これまでその原因がはっきりしないため、本人は、男性特有の更年期的な症状や、うつ病までを疑い、いくつかの病院を転々としてきましたが、治癒には至らないとのことでした。

私が聞き取りの中で気になったのは、「悪夢をよく見る」ということでした。その夢は、以下のようなものでした。

――なぜか、自分は20代前半の大学生であり、大きな失敗をしでかしたせいで大学から退学処分を言い渡された。人生で初めての大きな挫折を味わったことで将来を悲観し、それ以降投げやりな人生を送ってしまった。60歳を前にして、取り返しのつかなくなった自分の人生を激しく悔やんでいる。

「なぜあのとき、失敗を苦にせず、立ち直ろうと努力をしなかったのだろうか。今になって気付いても手遅れではないか」というあせりと悲しみでうなされ、目が覚めた。鏡を見たら死人のように顔面蒼白で、全身脂汗をかいていた――。

Jさんの心は、夢の内容に象徴される苦悩、絶望感にむしばまれていたのです。じつはJさんは、はるか昔のことですが、職場で集団いじめを受けました。その傷は、今になっても癒えていなかったのです。

このような体験をした人にとって、いきなり、「他者への内観」は厳しいものがあります。

そこで、私は一計を案じることにしました。

Jさん自身に対する内観です。

「〝過去の自分〟にしてもらったこと」
「〝未来の自分〟にして返したこと」
「〝未来の自分〟に迷惑をかけたこと」
の3つです。

この日常内観を数週間続けてもらい、再度受診されたとき、Jさん自身に聞いてみました。

その気付きは、つぎのようなものでした。

「40代の頃、職場で2年もの間、仲間から無視され続けました。職場の壁に掲示してあったスタッフ全員の名札から、私の名札だけが捨てられていたこともありました。そのときは喜怒哀楽の感情がなくなっていて、ぼんやり映画のシーンでも見るように受け流していましたが、家族にも打ち明けられず苦しかったです。しかし、〝過去の自分〟は会社を辞めることもなく、弱音を吐かず、一人歯を食いしばってがんばり抜いてくれたんです。その〝過去の自分〟のおかげで、今の自分の地位があります」

「〝未来の自分〟が病気になったり介護を受けたりすることのないように、今まで放置していた高血圧の治療を開始しました。毎朝、軽いジョギングも始めました」

「もう定年間際なので自己研鑽などどうでもいいや、と投げやりになっていました。しかし、定年後も家族を養うために、再就職先を探さなければならないという〝未来の自分〟に対して、あまりにもいい加減な生活態度で迷惑をかけました」

この3つを明確に把握することで、Jさんの心のモヤモヤが晴れました。

よくがんばった人生だったと自分を認めることができ、「これから先、長い人生が残っているんだ。未来の自分から見たら、今の自分はまだまだ若いではないか」という希望が芽生えてきました。そして、「愛する家族のためにも、自分はもっともっとがんばるぞ」という意欲が復活してきたのです。

嬉しいことに、３回目の受診時には、「笹野先生、最近、布団に入ってすぐ寝付けるようになったんですよ。本当に気持ちが楽になりました」と笑顔で語るまでになりました。

自分に対する内観により、Ｊさんは、過去の自分、未来の自分に、現在の自分が問いかける形で、現在の自分が間違った存在ではなく、無闇に自分を責めてはいけないことを悟ってくれました。

どうしても他者への内観に抵抗を感じる、苦痛を感じるという方には、「自分に対する内観」を実行されることを提案したいと思います。

特に、心に大きな傷を負っているという方に、おすすめします。

ちなみに、これは私が独自に試みているもので、これまで誰も提唱してこなかったものです。

なお、「迷惑をかけられたこと」は、内観においては想起するテーマから除外されています。内観者が「迷惑をかけられたこと」を語り出したら、「それは〝外観〟であって、内観ではありません」と指導されるはずです。
しかし、過去の自分に対して内観するのであれば、その中で付随的に想起したことは、
〝外観〟にならずにすみます。

第5章

事例集

事例1

教室で笑われ不登校になった男子大学生

私が大学の学生相談室で担当した、19歳、不登校の男子大学生の事例をご紹介します。

性格は内気で素朴です。サラリーマンの家庭に育ち、祖父母、両親、兄の6人家族で、家族関係にはとりたてて変わったところはありません。

高校までは普通に通学しており、学校生活や交友関係にも、何も問題はないとのことでした。

大学1年の春のこと、英語の授業で発音を女子学生から笑われ、本人曰く、とても恥ずかしい思いをしました。

振り返ってみれば、これが不登校のきっかけだったようです。

以来、「また笑われるのでは」と授業に出るのが怖くなり、大学に行くのが億劫になっていき、大学1年の夏休み以降は、すべての授業に出られなくなってしまいました。

彼は、朝は授業に間に合うように家を出るのですが、書店など外でぶらぶらして夕方まで時間をつぶし、そのまま帰宅するようになります。

大学2年の春、大学から問い合わせがあり、登校していないことが両親に知られてしまいました。

その理由について本人は、前述のようなエピソードがあったことは認めますが、そのことについて積極的には語ろうとせず、また、助けてほしいともいいません。

大学というところは中学や高校と異なり、不登校は情状酌量してくれません。「不登校＝3分の1以上の欠席＝単位が取れない＝留年・退学」というルートしか選択肢がなく、あとはすべて本人の行動にかかっているのです。何度か面接した後、このような閉塞状況の打破をめざして、集中内観を体験することになりました。

集中内観の1～2日目は、坐ってはみたもののすぐ立ち上がったり、他のことを考えたり、まったく集中できず、最初の面接では表面的な浅い答えをしていたようでした。また、食事中、スピーカーから流される体験談にも関心がなく、時間がひどく長く感じられ、嫌気がさして早く帰りたい思いに駆られたようです。

転機は、3日目に訪れました。

スピーカーから流れてきた、女子高生が母親について語っている体験談を聞いているうち、自分の母親のことでもないのになぜか感情移入して涙があふれてきました。これがきっかけとなり、自分の母親のことについて素直に思い出せるようになり、内観に集中できるように変化したとのことでした。

「母は苦労していたんだなあと思うだけで、自分の中で何かが変わっていった。それ以降、思い出すごとに申し訳ないことをしたと泣き、寝るまで泣きっぱなしだった。その晩は熟睡した」

母親について内観した後は、父親についても思いを巡らしました。

「父について深く調べれば調べるほど、申し訳ないことをしていたとわかった。世話になったことがいっぱい思い出せたときは、自分に対して呆れてしまい、思わず笑ってしまった」

集中内観を終えたあと、両親が研修所の玄関まで迎えに来ました。

そこで対面すると、彼は突然2人に背を向けて嗚咽をもらしました。

そしてそれ以降は、今まで以上に両親に対してやさしく接するようになり、アルバイトも始めました。

しかし、2カ月後の私との面接では、内観体験について具体的に語ろうとはせず、学校へ行けていないことについての心の葛藤についても一切語らず、何事もないような態度に終始します。

「後期の授業からは出席する」というので、所属の学科長に挨拶に行くよう促しましたが、「そのうちに……」と言葉を濁し、夏休みはアルバイトばかりしていました。

そして3カ月後、ふたたび面談に訪れました。ある程度予想はしていましたが「やはり出られない」と言いだしました。

このときは、無精髭を生やし、粗野な態度が印象的で、外見からは苦しんでいる様子はまったく窺えません。

そこで、教室の下見に誘いました。教室の入り口まではたどり着けたのですが、廊下で立ちすくみ、不安げに周りを見回します。「試しにちょっと入ってみようか」というと、「今はいいですから！」と、厳しい口調で拒みます。

「授業の前に内観してみないか」とアドバイスしたのですが、「内観とは別の問題だと思う」と反論します。

4カ月後、今日こそ授業に出ようと大学まで行ったものの、駅を降りただけで緊張感が高まり、どうしても授業に出られず、図書館で時間をつぶしていました。

私からは、変わらずアドバイスと励ましを続けていました。

するると、虚勢を張るような態度がだんだん消えていき、素直に自分の弱さを認めるようになるなど、内面的な変化が見受けられるようになってきました。

5カ月後の12月、ついに不登校になって以来初めて授業に出ることができました。

それは、くしくも19歳最後の日でした。

「前日はいろいろ考え込んで、初めて寝付けませんでした。自分はこのまま20歳の成人を迎えてしまうのかと焦りつつ、とうとう朝が来てしまいました。絶望的な気分でもう行くしかないと思い家を出ました。教室の前まで来て、どうしようか、帰ろうかと躊躇したけれど、入ってしまえ！　と思ったら、なぜか入れたんです」

そして、4月の新学期、めでたく初日の授業から出席しました。1週間目に胃痙攣で病院に行くも、へこたれずに通学を続けました。

「退学しようかとも思いましたが、せっかくこの大学を目指して入学し、まだやりたいことが残っているので復学しました」

それからは毎日出席し、休学していた分の単位を取り戻し、無事に大学を卒業することができました。

集中内観を受ければ、帰ってきて誰でもすぐに効果が現れる、というわけではありません。特に不登校の場合、悩みの程度は軽いと思われがちですが、じつは本人も気付かないうちに、強い恐怖感が心に刻み込まれています。

ある程度事情を知っている者が温かく見守り続けるということが、大切なのかもしれません。

事例 2

長期引きこもりの中年男性

引きこもりは社会問題化していますが、特に我が国では長期化、高齢化という実態が注目されています。

私の患者であった、45歳の男性の事例をご紹介します。

内向的な性格で、友人は少なく、交友関係において大きなトラブルを抱えるようなことはありませんでした。高校、大学では運動部に入り、スポーツを楽しんでいたそうです。

公務員の要職にあり地元の名士であった父親とは、子供の頃からほとんど会話を交わした記憶がありません。

母親は専業主婦ですが、畑仕事は手伝っていたようです。

大学時代、学費を使い込んでいたことが親に知られ、中退させられました。

父親のつてを頼りなんとか就職できましたが、そこでも職場の金を使い込んでしまい、解雇となり、その後も職を転々とします。

さらにお金のトラブルは続きます。

30歳のときに、所属していた地元の消防団のお金を使い込んだことが発覚し、ご近所に顔を出せなくなりました。直接的にはこれが契機となり、以降15年間、自宅に引きこもることになります。

引きこもっている間に彼がしていたことは、訪問客が来たら家の奥に隠れる、母親の財布から頻繁に金を抜き取る、個人的な買い物に多額の金を要求する、毎月のように1〜2週間無断で家出をして、金を使い果たすと何事もなかったかのように帰宅する、といった具合です。

幸か不幸か、そんな生活を親から咎められることはありませんでしたので、本人が親と社会の板挟みになるという葛藤に苛まれることはありませんでしたが、その悩みを他人に相談することもできないという状況が続くことになってしまいました。

45歳のとき、癌の在宅治療を受けていた父親が、突然亡くなりました。彼は強くショックを受けたようで、その後、生活態度を見かねた父親の主治医から精神科治療をすすめられたため、しぶしぶ私の病院の精神科への通院を始めることになりました。

初診時は視線を合わさず、質問に対しても返事をしません。とても偏屈な印象を受けました。通院治療を始めてからも、家出癖と盗癖は続き、その理由や心境を詳しく語ろうとはしませんが、「家出癖と盗癖、ともに直せるものなら直したいが、どうせ無理だろう」と放り捨てるように言います。一方、母親については、「母親に対する不満は一切ない。すべては自分が悪い」と淡々と話します。

通院1年目に、集中内観について説明すると、親子とも前向きに捉え、内観を受けることに同意してくれました。予定では、母親が研修所まで付いていくことになっていました。研修所に行く途中で引き返してしまう危惧を、私も母親も抱いていたからです。

「なぜ僕を信用してくれないのか。母が付いてくるのなら絶対行かない！」と、めずらしく私と母親に対して感情を露わにし、彼1人で行くことになりました。私は彼のこの言葉を聞いたとき、内観への強い意思を感じ取りました。

集中内観での研修態度は、きわめて真面目でした。

部屋や風呂はきちんと掃除し、タバコを吸う際は扇風機を部屋から外に向けるなど、細かい配慮が見られました。面接では情け容赦なく自己批判を繰り返します。

そのうちに自然と内観が進み、徐々に〝自分のやっていたこと〟が客観的な事実として認識されてくるようになりました。自分の未熟さが露呈されていくようで、恐ろしくなり疲れてきたそうですが、なおも内観に集中し続けることができたようです。

その結果、自分は恵まれた環境に育っていたという事実、自分の頑固さや罪深さ、そして、生きてきたのではなく生かされているという事実に気付きます。

「私は勝手に自分の殻に閉じこもり、壁を作り、自分自身を傷つけていました。素直さ、謙虚さ、正直さに欠けていました。両親、妹、親戚などのアドバイスを最初から素直に聞いていれば、今のような事態には至らなかったと思います。償っても償いきれない罪深い自分ですが、内観で知り得た事実を糧に、まずは母との会話を大切にし、いたわりと感謝の気持ちで1日1日を大切に生きていきたいです」

と、内観後にその感想を語ってくれました。

その言葉通り、その後は劇的に変わりました。

面接での態度が礼儀正しくなり、打ち解けてよく話してくれるようになり、笑顔が見られるようになりました。

同時に、家出癖や盗癖がおさまり、家では母親の食事を作り、母親の畑仕事も自ら進んで手伝うようになりました。また、お盆に里帰りした妹の子供をプールに連れていき、

「10年ぶりにプールを楽しみました」と、嬉しそうに報告してくれました。

半年後、内観後初めて家出をし、10日間インターネットカフェで過ごしました。するとちょうどそのタイミングで、母親が交通事故に遭い、重傷を負ったのです。彼は、自分の行動が原因で、母がそのようになってしまったと思ったのでしょう。病院に毎日看病に通うようになり、それ以来、家出や盗みはなくなりました。

1年後、母親の通院の付き添いや毎日の食事の支度など、家族との関係を大切にしながら、親戚の告別式に参列したり、父親の法事で挨拶したりなど、外部との付き合いが徐々にできるようになってきました。地元議員の選挙運動を手伝ったり、引きこもり当事者や精神障害者の集まりに参加し、料理をふるまったり、みんなとゲームを楽しんだりするなど、地域社会へも活動範囲を拡大していきました。

2年後、それまでほとんど口にすることがなかった、亡くなった父親の思い出を話してくれました。

「父の縁で、笹野先生と内観に出会うことができました。父が、自分に気付き自分を大切にするようにと、私を導いてくださったように思います」

畑仕事も板についてきた様子で、「昨日、玉ねぎを100キロ収穫して筋肉痛です」と笑顔で話してくれました。

このケースでは、引きこもるきっかけとなったのは、お金のトラブルでした。

しかし、そのさらに奥にあったのは、父親や母親との関係のあり方にボタンの掛け違いが生じていたことだと思います。さすがにお金のトラブルは、反省だけで償うことはできませんが、本人が自分の周りの人間関係を客観的事実として正しく捉えられれば、自然と他のトラブルは収束していくという例だったのではないかと思います。

事例3

自閉症スペクトラムの女子大学生

自閉症スペクトラムの女子大学生の事例を、取り上げたいと思います。

彼女は素直で礼儀正しい印象を受けましたが、服装には独特のものがあり、髪は背中まで伸ばして雑に束ねていました。

幼少時より特定の物にこだわりをみせ、予想外の出来事が起きるとパニックとなりました。また、光や音の刺激に過敏に反応するなど、自閉症特有の特徴が見られていたようです。

幼稚園から高校までを通して、クラスメートなどの集団になじめず、浮いた存在となり、そのせいでいじめにも遭っていました。小学3年生の頃、クラスでの不適応が目立つようになり、担任から連絡をうけた両親とともに児童精神科を受診したところ、診断結果が明らかとなりました。

それは「自閉症スペクトラム」でした。臨機応変な対人関係が苦手で、自分の関心、やり方、ペースの維持を最優先させたいという志向が強いことを特徴とする、発達障害の一種です。

病名がはっきりしたのはよかったのですが、以降も、他人の気持ちがわからず、悪気なく相手を傷つけてしまう言葉を発するなどのコミュニケーション障害により、高校まで友人関係の破綻を繰り返しました。

大学1年時、友人関係につまずき授業に出られなくなったことがきっかけで、アパートに引きこもります。片付けなどが苦手なため、彼女の部屋は足の踏み場もないほど混乱しており、必要なものがどこにあるかもわからないような状態でした。さらに、隣の部屋の音が気になってよく眠れないなど、些細な音に対して過敏に反応してしまうことも多々ありました。

ただ、私の受診を続けるうちに、少しずつ復学への意欲が見られるようになってきたので、1つの区切りとして集中内観をすすめることにしたのです。もちろん、集中内観が可能な程度の、軽症の自閉症スペクトラムであったことが、その大きな判断材料でした。

内観中、事故死した友人について思い出すことがあったそうです。

すると、急に強い感情が胸の奥からぐっとこみ上げてきて、涙が出はじめました。

それまでは、他人が悲しんだり苦しんだりしていても共感を示すことができず、「自分はひどく冷淡で、他の人と何か根本的に違う」と思い悩んでいたそうです。

親しかった友人が事故死した直後、他のクラスメートたちが友人の死を悼んでいても、自分だけ実感がなく悲しむことができず、「自分は友人が亡くなったときでさえ平気だった」という後ろめたさに苛まれ、「自分は人でなしだ」と苦悩していました。

このように、自分が他の人とは違うという感覚は、物心ついた頃からありました。成人後もアルバイト先で、上司から「お前は人の気持ちがわからないのか。何か大事なものが抜け落ちているぞ」などと注意されることがあったそうですが、自分のどこに落ち度があるのか、なぜそういわれるのか、自分ではよくわかりませんでした。

それが、集中内観により感情が湧きあがってくる体験を得て、「その呪縛から初めて解放される気持ちがした」と言ってくれました。

集中内観の体験後は明るさを取り戻し、まずは部活動に参加し、最終的には授業にも出られるようになりました。現在は大学を無事卒業し、大学1年時から続けていた塾講師の仕事で収入を得ているとのことでした。

「私は確かにいろいろな部分で、人と違って感じてしまう部分が多かったかもしれません。

でも、少しタイミングや道筋が違うだけで、他の人と同じように喜んだり悲しんだりできるし、自分のやり方で友達を作ったり恋愛したり仕事をしたりもできると気が付きました。〝自分なりでよい〟。それがわかって、なんだか吹っ切れたような気がします」

2005年、発達障害者支援法が施行され、自閉症スペクトラムに対する理解が急速に深まってきました。発達障害というと、子供への支援が注目されがちですが、大学や企業にも軽度の発達障害者は多く、対人関係や学校生活・就業の面でつまずき、苦労しています。ところで内観創始者・吉本伊信は、少年院の篤志面接委員として、発達障害傾向のある者も含め、多くの少年を更生させてきた実績があります。発達障害がありひどく荒れた少年であっても、内観の体験により、素直で穏やかな人格を回復するケースも少なくないといいます。

発達障害は生まれつきの障害であり、服薬などにより特有の症状を抑えることはできても、基本的には傾向は一生涯続くものだといわれています。病気のように「治す」ものではないのです。

さて、発達障害者は一般的に変化を嫌い、同じパターンの繰り返しを好む傾向がありますが、内観研修所の環境はその特性からみて、非常に親和的であるといえます。

研修所では自分の坐る場所が定められ、同じパターンの記憶想起、面接、日課を繰り返すので、混乱することが少ないようです。屏風に囲まれた空間は外部刺激から守られており、感覚過敏があっても穏やかでいられるし、会話が禁止なので、社会性の障害があっても他の参加者にはわかりません。

また、発達障害者にとっては、特に、達成感を感じることが心の状態の安定化につながります。研修を無事やり遂げたという達成感が、自信をなくしがちな当事者の自己肯定感を高めるのに効果的なのではないでしょうか。

事例4

ブラック職場と決別した うつ病男性

45歳の男性会社員の事例をご紹介します。

性格は、どちらかというと静かで繊細な面が見受けられましたが、話すとざっくばらんなところもあり、人から好かれそうなタイプでもありました。

大学を卒業して総合商社に入社しました。新人の頃から仕事は有能で、上司や同僚から信頼されていました。

ですが、1年前、それまで目をかけてくれていた上司が交替します。その頃から、職場での人間関係に疲れると、周囲にこぼすようになっていったとのことです。

職場の窮屈さから逃れたいという思いもあったそうですが、別の会社でエンジニアをしている学生時代からの友人と意気投合し、数年来温めていた異業種間の交流会を立ち上げました。職場の気の合う仲間も交流会に誘うことができたりして、楽しくなりました。

しかし、これが彼の足をすくうことになります。

彼の活動をこころよく思っていない同僚がいたのです。彼が交流会の世話役をしていると知った同僚は、上司に「職場に無断で会を作っている」と告げ口をしたのです。

私的な集まりにすぎないもので、職場に報告するような話ではないことは誰の目にも明らかです。でもなぜか、上司は、告げ口をした同僚の意見を受け入れ、会議の場で、「職場の和が乱れるので、交流会の世話役を、我が社の他の社員に譲りなさい」と命じたのです。

彼は怒りを通り越しすべてに自信を失い、若手社員の多くはまだ彼を慕っているようでしたが、職場の仲間の顔を見るのも怖くなりました。

そんな中、新たな出来事が追い打ちをかけます。

ある新人の社員が、初めて会議でプレゼンテーションをすることになり、「どうやってよいのかわからないんです。なんとか助けてください」と、彼に相談に来ました。彼は善意のかたまりのようなところがあるので、頼られて嬉しかったということもあったのでしょう、遅くまで会社に残って資料を集めてあげたのです。

翌日、新人社員に、「これを参考にしてやってごらん」と資料を渡そうとしたところ、「申し訳ないっす。このたびの先輩への相談、なかったことにしてもらえませんか」と、それまでとは別人のような態度を見せたのです。

「君が助けてくれと言うから、手伝ったんじゃないか」と反論しても、無視される有様でした。

それが、45歳の誕生日を迎えた頃のことでした。

「何もかもオレが悪いというのか。みんな離れていく。いったいどういうことなんだ。もう誰も信用できない」と、頭の中で考えがとめどもなく渦巻き、仕事が手につかなくなりました。そのうち何も考えられなくなり、ついには自殺衝動まで頭をよぎるようになったのです。

そこで、病院で受診をすると、うつ病だと診断されました。

詳しく話を聞くと、「私の職場はビルの中にありますが、仕事中、ふとしたときに突発的に屋上から飛び降りてしまいたくなります。〝早く死ななくては〟という切羽詰まった思いと、〝このままだといつか自殺してしまう〟という恐怖感にさいなまれ、頭が混乱してじっとしていられなくなるんです」とのことでした。

そのときはどのようにしてやり過ごしているのかと問うと、「昨夜もそのような気持ちが強くなったので、車で家を出て死に場所を探していたのですが、タイミングよく妻から私の携帯に電話があったのです。私の様子を心配して電話してくれたようです。そこでハッと我にかえって帰宅し、事なきを得たのですが……」とのことでした。

私は、これはすぐにでも入院したほうがよいと判断し、その日から入院してもらうことにしました。

ちょうど病室が空いていたのはよかったのですが、病室ではじっとしておられず、ゆっくり雑誌も読めないようでした。「刑事が捕まえに来る」といった妄想を語りはじめ、布団をかぶってブルブルと震えるのです。

薬物治療によってこのような症状がひとまず治まってきたタイミングを見計らって、退院後の生活に向けての1つの区切りをつける意味で、日常内観をすすめてみました。

じつは、彼は大学生の頃、自己啓発目的で集中内観を体験しています。そのようなこともあってか、日常内観への導入はスムーズでした。

なお、内観の対象として、さすがに上司や同僚は好ましくないので、妻を中心に思い出すよう指示しました。

退院後1年ほどかけて、じわじわと精神状態がよい方向に回復し、職場復帰を果たすことができました。

職場復帰後、「妻には本当に感謝している。飛び降り自殺を踏みとどまれたのは、いつも妻が気にかけてくれていたおかげだと思う。妻のためにもがんばっていきたい」と語ってくれました。

そして別れ際、彼は笑顔でいいました。

「自分を大切にしたいと思います。私が傷つけば妻も苦しみます。もう誰にも私を傷つけさせない、と心に誓いました。日常内観を始めてからずっと考えていたのですが、近いうちに会社を辞めることを決心しました」

この男性会社員が職場を去る決心に至ったことは、決して現実逃避ではなく、勇気ある決断です。内観によって自我が強化され、物事を正しく判断できたからこそ到達し得た結論です。人生の岐路に立ち、進むべきか引くべきかという大きな決断を下すとき、内観によって徹底的に自己を見つめることができれば、迷いがなくなり、正しい道筋が見えてきます。

アルコール依存症の夫と共依存関係にあった女性が、集中内観をした結果、いびつな夫婦関係に気付き離婚を決断しました。そして離婚後、両者の関係はむしろ良好なものになりました。逆のパターンもあります。優柔不断な夫に愛想を尽かし離婚を決めた女性が、そのけじめとして取り組んだ集中内観で、夫の愛情に気付き、夫婦関係を続けることを決断したのです。

いずれの決断も、正しいものだったと思います。

決断することで初めて、人は生まれ変わることができます。

ちなみに、厚生労働省が公表した『個別労働紛争』の相談内容別の件数を見ると、職場での「いじめ・嫌がらせ」が最も多く、全体の4分の1を占めています。

しかも、相談件数はこの10年間で倍増しているのです。

あとがき

本書の最後に、私自身の体験をお知らせして、締めくくることをお許しください。

高校生の頃、人見知りになりました。

もともとは活発で、クラス委員などをするタイプだったのですが、ふとしたことがきっかけで、そうなってしまったのでした。

1年間の大学浪人の末、念願の国立大学医学部に合格しました。当時は医学部受験ブームだったので、20倍近い競争率を勝ち抜いてのことです。普通なら意気揚々と青春を謳歌するところなのでしょうが、人見知りの性格がわざわいし、暗い大学生活をおくることになりました。

なぜかといいますと、人見知りが高じて過度の心配性になっていたからでした。

親しい友達グループの中ならば自然に振る舞えるのですが、初めての状況になると考えが堂々めぐりをはじめ、身も心も固まってしまうのです。

その心配性のために、ふつうの買い物などにおいても、困難が伴いました。

買えない、のです。

健全な人からすれば、好きな品物を選んで、代金を支払うだけ、という単純で簡単な行為が、できないのです。

たとえば、洋服を買いにいくとします。

店員さんが怖いわけではありません。

その店の中で、自分は客としてどのように振る舞えばよいのか、と考えて不安になります。また、そのような自分は店員さんからどのように見られているかが、気になって仕方がないのです。

ですから、下宿に引きこもり、昼夜逆転の生活をしていれば、とりあえずは自分の問題に直面しなくてすみました。

内観というものを知ったのは、大学3年生の頃でした。

しょっちゅう授業をさぼってしまうダメ人間だった私は、手持ち無沙汰で下宿の万年床に転がっていました。それでテレビをつけっぱなしにしていたところ、内観の創始者・吉本伊信の声が流れてきたのです。

それは、NHKの『宗教の時間』（現在では『こころの時代』）という番組でした。ぼんやりとそのまま聞いていたのですが、いつの間にか話に引き込まれている自分がいました。そのとき「自分の汚いところを思い切り吐き出し、懺悔したい」という気持ちになりましたが、忙しい日常にまぎれ、残念ながら実際に内観を行おうという段階には至りませんでした。

大学卒業後、精神科の医師になることにしました。

めでたく医師となったあとも、内観の書籍などを購入して知識を得るうちに、内観を受けたいという気持ちが日増しに高まり、27歳になって、とうとう集中内観を受けようと思い立ちました。

その電話をするために、大学病院内の公衆電話に向かったのですが、受話器を取ろうとすると腕がすくんでしまうのです。

「本当に決心しているのか」

「電話したらもう後戻りできないんだぞ」

というような自問自答を繰り返し、公衆電話の前をうろうろと何往復もしているうちに、ようやく決心がつきました。

数回の呼び出し音のあと、吉本伊信先生の奥様であるキヌ子夫人が電話に出てくださったのだと思います。

「はい。内観研修所ですが……」

と、おだやかな口調で、簡単に申し込みの理由を聞いてくださいました。

住所、氏名、年齢など申し込みに必要なことを告げ終わると、それだけで何か肩からドッと重たい物が落ちたような気がしました。

その瞬間、「救われた」と感じ、目頭が熱くなりました。

7月の終わりのとても暑い日のこと、TシャツにGパンというラフなスタイルで、近鉄郡山駅を降り、地図通りにしばらく歩くと内観研修所が見つかりました。

とはいえ、まだまだ迷いの気持ちがあった私は、気持ちの整理がつかず、そのまま逃げるように引き返して、近くにあった喫茶店に飛び込みました。

「今ならまだ引き返せるぞ」

という弱気な声が心に浮かんできましたが、そこで大好きなかき氷を注文し、それをゆっくりと味わううちに、ようやく落ち着くことができました。

その後、無事、研修所の門をくぐり、ノートに名前を書いたりという一連の入所手続きをすませ、説明のテープで基本を学んだあと、吉本伊信先生自らが、法座（屏風の中）まで案内してくれました。

すると不思議なことに、それまでの緊張感から一転して穏やかな気持ちになり、俄然、内観をやりとげてやろうという強い意欲が湧いてきたのです。

事前の説明では、2時間おきの面接と聞かされていたものの、ときには1時間ぐらいで来られることがあったりするので、ぼんやりしていられません。「やるからには面接のとき恥ずかしくないように、とにかく1つでも思い出さねば」というせきたてられた状況が、私にはちょうどよかったのでしょう。

3日目の夕方のことだったと思います。

さまざまなことが思い出され、吉本伊信先生の前で嗚咽してしまいました。

後ろから、頭をおもいっきり何かで叩かれたような衝撃がありました。

そこで気がついたことは本当にたくさんありますが、私にとって大きな障壁だったのは、父親のことです。

昔ながらの頑固オヤジであり、すぐに癇癪をおこしていました。また、頼みもしないのに勝手に百科事典を注文したりと、一度思い込むと偏屈なところがあったのです。

しかし、内観のときに思い浮かんだのは、それとは違う父の姿でした。

大学に合格し、大学近くの下宿に生活道具を運びこむための荷造りを自宅でしていたときに、「そんな梱包では心許ないぞ。まかせろ」といいながら、ガムテープをもってきて、段ボールのフタを閉める作業などを手伝ってくれたのです。そのときの父の横顔を、ただただ純粋に、息子のために、一心不乱に荷造りをしてくれている姿を思い出したのです。

当時は何も思わなかったのですが、内観していると、父のいちずな気持ちに気付けたのです。「私は父に愛されていたんだ」「なんで父のそのような気持ちがわからなかったんだ」と涙が止まらなくなってしまったのでした。

恥ずかしながら、医師免許を取得し大学病院で忙しい毎日をおくる私は、一人前になったつもりでいました。ですが、父との確執すら解決できていない未熟な自分に気が付き、顔から火がでるほど恥ずかしい思いをしたのです。

面接時に吉本伊信先生にそのことを話すと、いつもと変わらない様子で静かに聞いてくれました。

そして、吉本伊信先生から「ちょっと付いてきなさい」と言われ、他の内観者との面接を傍で見たあと、「面接のやり方はわかりましたか。今日から面接を手伝ってください」と言われました。

「私がそのようなことをしてよいのだろうか」と躊躇しましたが、これは吉本伊信先生からの指示です。その日から最終日まで、自分でも内観をすすめながら、面接者という大役を曲がりなりにもまっとうしたのでした。

こうして、幸運にも若い頃に内観に出会えたおかげで、今日に至るまでなんとかやってこられた私です。

集中内観から30数年の時が流れ、人見知りも心配性も苦にならなくなっていました。今になってやっと、内観以外のことにも興味が出てきました。「身体」や「自然」という方向に目が向いてきたのです。大袈裟にいうならば、内観という一筋の道からの「ゆらめき」とでもいうのでしょうか。この歳になってやっと少年の頃の「遊び心」が芽生えてきました。

内観のおかげで芽生えた遊び心。しかし、その遊び心も、やはり結局のところ内観につながっていると知ることになるのです。

ある夏、山形県の出羽三山で山伏修行を体験しました。先達として指導してくださったのは羽黒山伏の星野文紘さんです。

集中内観の特徴としては、1週間籠もるということがあげられます。籠もるというのは、一種の擬死再生儀礼といえます。そこに魅せられるというのは、人類共通の素直な感覚ではないでしょうか。

修験道においても、山に籠もります。

白装束で山を駆け巡り、汗まみれ、泥まみれになって、ふんどし一丁で滝に打たれ、瞑想します。山伏修行にはさまざまな苦行が待ち受けています。苦行による験力の獲得、こだわりからの解放に、ますます惹かれていく自分があります。やっている自分を、かっこいいと思えました。

さて、山伏修行では夜間抖擻《とそう》というものがあります。これは張りつめた苦行とはほど遠い、リラックスした気持ちのよいものです。汗で行衣がじっとり巻き付くような昼間とは打って変わり、庄内平野の夜風が心地よく感じられます。羽黒の山懐を巡り、満天の星の下、しばらく立ち止まりました。まったく静かです。暗闇の中、目を凝らすと遠くの森で蛍が飛んでいる。

いろんなことが思い出されました。知らず知らずのうちに内観を始めていたのです。「妻のこと」「妹のこと」「我が家の猫のこと」……。いろんな感情が湧き上がってきて、涙が出そうになりました。他の修行仲間も、真っ暗でよくわからなかったけれど、皆同じような気持ちになっていたはずです。美しい自然に抱かれると、誰しも内観的回想を始めるものだと気が付きました。

内観と山伏修行、一見すると対極に位置するもののようですが、両者はつながっていたのです。それからというもの、毎年夏が来ると出羽三山に出かけています。

内観に話を戻しますが、私には常日頃思っていることがあります。

それは、「人間には反省本能がある」ということです。人間は反省したがっているのです。しかしその方法を知りません。靴の上から痒い所を掻くようなものです。だから人は迷い続け、苦しみ続けるのだと思います。

その答えが内観にあります。

内観においては、ただただ「してもらったこと」「して返したこと」「迷惑をかけたこと」の3つのテーマに集中していけば、自己に対する深い洞察が得られ、反省に至るはずです。

本書を手に取ってくださった方に、1人でも多く内観を経験していただけることを願って、ペンを置きます。

内観療法の組織と活動

＊受付・診療時間等々、詳細はそれぞれご確認ください

日本内観学会　http://www.jpnaikan.jp/index.html
〒 851-0494
長崎市布巻町 165-1
三和中央病院内
Tel　095-898-7511

自己発見の会　https://www.n-classic.net/
〒 533-0023
大阪市東淀川区東淡路 3 丁目 3-36
ふうや内観研修所内
Tel　06-6323-7267

内観センター　http://naikan.jp/
〒 639-1133
奈良県大和郡山市高田口町 9-2
Tel　0743-54-9432

日本内観研修所協会　http://naikanken.com/index.html
〒 722-0022
広島県尾道市栗原町 10978-4
山陽内観研修所内
Tel　0848-25-3957

10　大和内観研修所　　所長　真栄城輝明
〒639-1133　奈良県大和郡山市高田口町 9-2
Tel　0743-52-2579

11　和歌山内観研修所　　所長　藤浪　紘
〒640-0332　和歌山県和歌山市冬野 1045
Tel　073-479-1871

12　心身めざめ内観センター　　所長　千石真理
〒680-0863　鳥取県鳥取市大覚寺 174-15
Tel　0857-30-2525

13　米子内観研修所　　所長　木村秀子
〒683-0842　鳥取県米子市三本松 1 丁目 2-24
Tel　0859-22-3503

14　山陽内観研修所　　所長　林　孝次
〒722-0022　広島県尾道市栗原町 10978-4
Tel　0848-25-3957

15　蓮華院誕生寺内観研修所　　所長　大山真弘
〒865-0065　熊本県玉名市築地 2288-4
Tel　0968-72-3300

16　沖縄内観研修所　　所長　平山　元
〒901-1511　沖縄県南城市知念字久手堅 267-1
Tel　098-948-3966

内観療法を行っている病院

三和中央病院
〒851-0494　長崎県長崎市布巻町 165-1
Tel　095-898-7511

指宿竹元病院
〒891-0304　鹿児島県指宿市東方 7531
Tel　0993-23-2311

全国の内観研修所

＊受付・診療時間等々、詳細はそれぞれご確認ください

1　ひろさき親子内観研修所　所長　竹中哲子
〒036-8253　青森県弘前市緑ヶ丘1-4-8
Tel　0172-36-8028

2　津軽内観研修所　所長　阿保周子
〒036-8345　青森県弘前市蔵主町3番地　鳴海様方
Tel　090-7332-2961

3　瞑想の森内観研修所　所長　清水康弘
〒329-1412　栃木県さくら市喜連川5694
Tel　028-686-5020

4　奥武蔵内観庵　所長　本山陽一
〒350-1255　埼玉県日高市武蔵台2丁目20-5
Tel　042-978-6591

5　北陸内観研修所　所長　長島美稚子
〒930-1325　富山県富山市文珠寺235
Tel　076-483-0715

6　静岡内観研修所　所長　福田等
〒421-0421　静岡県牧之原市細江194-15
Tel　0548-22-1149

7　ふうや内観研修所　所長　橋本俊之
〒533-0023　大阪府大阪市東淀川区東淡路3丁目3-36
Tel　06-6323-7267

8　大阪内観研修所　所長　榛木美恵子
〒537-0013　大阪府大阪市東成区大今里南6丁目14-15
Tel　06-6975-2131

9　奈良内観研修所　所長　三木潤子
〒631-0041　奈良県奈良市学園大和町3丁目262-1
Tel　0742-48-2968

著者紹介

笹野友寿（ささの・ともひさ）

川崎医療福祉大学教授。医学博士。精神保健指定医。日本精神神経学会精神科専門医、同指導医。日本内観学会認定医師。

1955年、岡山県生まれ。愛媛大学医学部卒。研修医時代に、内観の創始者である吉本伊信師の指導のもとで集中内観を体験する。

現在、日本内観学会理事、岡山いのちの電話協会スーパーバイザーを務めており、社会福祉法人旭川荘で診療を行っている。

内観療法に関する著書として、『内観療法－漂流する現代人への心の処方箋』（作品社）、『内観療法の実践』（芙蓉書房出版）などがある。

親《おや》があなたにしてくれたこと
3つの問《と》いかけで世界《せかい》が変わる「内観療法《ないかんりょうほう》」入門《にゅうもん》　〈検印省略〉

2020年　4　月　13　日　第　1　刷発行

著　者――笹野 友寿（ささの・ともひさ）
発行者――佐藤 和夫

発行所――株式会社あさ出版
〒171-0022　東京都豊島区南池袋 2-9-9 第一池袋ホワイトビル 6F
電　話　03 (3983) 3225（販売）
　　　　03 (3983) 3227（編集）
F A X　03 (3983) 3226
U R L　http://www.asa21.com/
E-mail　info@asa21.com
振　替　00160-1-720619

印刷・製本　神谷印刷（株）

facebook　http://www.facebook.com/asapublishing
twitter　http://twitter.com/asapublishing

ISBN978-4-86667-201-4 C0030